搜索引擎优化

实战手册

SEARCH ENGINE OPTIMIZATION
ACTUAL COMBAT
MANUAL

何亚涛　著

電子工業出版社
Publishing House of Electronics Industry
北京 · BEIJING

内容简介

本书从多重角度剖析 SEO 的发展现状，并以实战落地为宗旨，详细介绍了在当下主流平台（百度、微博、微信、今日头条、小红书、知乎、B 站、短视频等）中进行 SEO 的思路及步骤，包括 SEO 基础知识、内容升级优化、站外链接优化、常用算法、方案制作、报告制作、SEO 工具等专题，以实例讲解的形式为读者提供高效获取流量和用户的方法论。

本书对 SEO 从业者及营销人员具有一定的参考价值，是一本能让读者轻松掌握的全链路 SEO 操作落地服务手册。

未经许可，不得以任何方式复制或抄袭本书之部分或全部内容。
版权所有，侵权必究。

图书在版编目（CIP）数据

SEO 搜索引擎优化实战手册 / 何亚涛著 . —北京：电子工业出版社，2023.4
ISBN 978-7-121-45086-0

Ⅰ.①S… Ⅱ.①何… Ⅲ.①搜索引擎－系统最优化－手册 Ⅳ.①G254.928-62

中国国家版本馆 CIP 数据核字（2023）第 030140 号

责任编辑：张　楠
文字编辑：白雪纯
印　　刷：北京天宇星印刷厂
装　　订：北京天宇星印刷厂
出版发行：电子工业出版社
　　　　　北京市海淀区万寿路 173 信箱　　邮编：100036
开　　本：720×1000　1/16　印张：11.75　字数：206.8 千字
版　　次：2023 年 4 月第 1 版
印　　次：2024 年 1 月第 2 次印刷
定　　价：69.00 元

凡所购买电子工业出版社图书有缺损问题，请向购买书店调换。若书店售缺，请与本社发行部联系，联系及邮购电话：（010）88254888，88258888。

质量投诉请发邮件至 zlts@phei.com.cn，盗版侵权举报请发邮件至 dbqq@phei.com.cn。

本书咨询联系方式：（010）88254579。

推荐序

大家好！我作为本书的第一位读者，以及亚涛的好友，为本书撰写推荐序其实是一件很有挑战的事，在此感谢他的信任与厚爱。

如今，各行各业，只要是营销，就都离不开数字营销、整合营销、场景营销等营销方式。实际上，在营销过程中，用户会以搜索结果为导向进行后续操作，企业也会通过搜索结果进行销售转化，这时 SEO（搜索引擎优化）就显得尤为重要。对很多营销人员来说，SEO 是一种必须要掌握的技能。

在这里，我要隆重地向大家介绍一下本书的作者：何亚涛，甘肃合水人，深耕互联网营销与 SEO 领域 14 年；专注研究数字营销、内容营销、搜索营销和整合营销，是行业发展战略与应用技术实操专家，在全网率先提出“SEO 互联网内容种草”的概念，以及“数字数据化营销”“内容生产即内容消费”“4U 方法论”等全新营销理念。

他结合自己的调研结果和从业经验，尝试了各种营销模型，历时两年才完成本书。撰写本书的初衷，并非讲解理论知识，而是讲解能让营销者轻松掌握高品质、全链路的 SEO 操作方法。

本书从多重角度剖析了 SEO 的发展与现状，并以实战落地为目标，详细介绍了 SEO 的思路与步骤、SEO 常用算法、新媒体平台的 SEO 方案与报告、SEO 工具等内容，为大家提供了高效获取流量和用户的方法论。

阅读本书后，大家可认识、掌握、实战应用 SEO。随着对 SEO 的不断深入了解，大家就会发现 SEO 并非只是一门技术，而是一系列的营销实战方法论。大家在使用搜索引擎进行搜索后，SEO 能显示个人或企业想要展现的内容占位。本书不仅对 SEO 从业者有所帮助，而且对网络营销人员、市场营销人员等从事线上营销工作的人员也具有一定的参考价值。

我相信,随着互联网营销业务的快速发展,SEO 会出现更多的“玩法”。在此，期待亚涛能为 SEO 从业者及营销行业从业者推出更多的 SEO 系列丛书。

勾　磊

北京行致营销顾问有限公司副总经理

北京天聆营销顾问有限公司副总裁

前 言

市场环境瞬息万变，信息在短时间内极速变化，是整个营销行业面临的共同挑战。SEO 作为一种可靠的营销方法，近年来备受关注。随着内容展现形式不断变得多元化，SEO 的业务范围也得到了不断扩展，技术不断升级。当前，很多企业都在开展 SEO 项目，要求营销行业从业者需要对 SEO 有不同程度的了解。

本着简单易学、实用易操作的原则，本书以实战的形式系统介绍了 SEO 的数百个案例，从传统的 SEO 平台（百度）开始，到新兴的 SEO 平台（微博、微信、今日头条、小红书、知乎、B 站、抖音），详细解读了 SEO 的实操难题，以及 SEO 的目标设置、优化策略、执行步骤的常见问题。本书通过分析如何使用 SEO，满足了 SEO 从业者和营销行业从业者的多种需求，是一本非常实用的 SEO 入门书籍。希望本书的出版能对 SEO 从业者和营销行业从业者起到一定的借鉴作用。

在本书的创作过程中，引用了部分网上的公开资料和图片，特向其制作者表示感谢。由于笔者学识有限，瑕疵之处敬请谅解。

何亚涛

2022 年 10 月

目　录

第 1 章　SEO 入门 / 001

1.1　SEO 是什么 / 002
1.2　SEO 发展现状 / 003
1.3　SEO 基础知识 / 005
1.3.1　搜索引擎分类 / 005
1.3.2　SEO 学习准备 / 005
1.3.3　SEO 专业术语 / 007

第 2 章　SEO 技术 / 009

2.1　SEO 的思路及优化步骤 / 010
2.2　基础元素优化 / 012
2.2.1　头部优化 / 012
2.2.2　身体优化 / 025
2.2.3　底部优化 / 029
2.2.4　公共元素优化 / 030
2.3　收录和索引优化 / 044
2.3.1　实战：收录查询 / 045
2.3.2　实战：收录问题诊断 / 048
2.3.3　实战：收录下降的解决方法 / 048
2.3.4　实战：收录不增长的解决方法 / 051
2.3.5　实战：收录时错误展示信息的解决方法 / 052
2.3.6　实战：收录 PC 端页面、不收录移动端页面的解决方法 / 055

2.3.7 实战：新网站长时间不被收录的解决方法 / 056
2.3.8 实战：只收录网站首页、不收录其他页面的解决方法 / 057
2.3.9 实战：只收录其他页面、不收录网站首页的解决方法 / 058
2.4 排名资格（网页质量）优化 / 058
2.5 算法优化 / 059
2.6 内容升级优化 / 061
2.7 站外链接优化 / 062
2.8 小程序优化 / 065
2.9 特定卡片和聚合优化 / 066
2.9.1 解读：百度特定卡片 / 066
2.9.2 解读：视频聚合优化 / 067
2.9.3 解读：图片聚合优化 / 069
2.9.4 解读：热议聚合优化 / 070
2.9.5 解读：贴吧聚合优化 / 071
2.9.6 解读：知道聚合优化 / 072

第 3 章 SEO 常用算法与实战解读 / 075

3.1 百度平台常用算法解读 / 076
3.1.1 劲风算法 / 076
3.1.2 升级版清风算法 / 077
3.1.3 升级版烽火算法 / 077
3.1.4 蓝天算法 2.0 / 078
3.1.5 惊雷算法 3.0 / 078
3.1.6 冰桶算法 5.0 / 078
3.1.7 细雨算法 2.0 / 079
3.1.8 飓风算法 3.0 / 079
3.2 SEO 实战解读 / 079
3.2.1 解读：百度搜索人格化 / 079
3.2.2 解读：百度鸿雁计划 / 080
3.2.3 解读：《百度 App 移动搜索落地页体验白皮书 5.0》/ 080
3.2.4 解读：《百度移动搜索落地页体验白皮书 4.0》/ 081

3.2.5 解读:《百度移动搜索落地页体验白皮书 3.0》/ 082
3.2.6 解读:《百度信息流落地页体验白皮书 2.0》/ 082
3.2.7 解读:打击干扰用户正常浏览网站的行为 / 083
3.2.8 解读:更新后的 MIP 优势 / 083
3.2.9 解读:百度移动搜索优化的规则 / 083
3.2.10 解读:VIP 俱乐部升级后成员享受的特权 / 084
3.2.11 解读:站点切换为 HTTPS 后可能产生的影响 / 085
3.2.12 解读:链接的 4 种提交方式 / 085
3.2.13 解读:处理假冒官网 / 086
3.2.14 解读:快速识别 baiduspider / 086
3.2.15 解读:避免改版导致的收录损失和流量损失 / 087
3.2.16 解读:关于搜索问题的官方回答 / 088
3.2.17 解读:关于小程序需要掌握的技能 / 089
3.2.18 解读:关于搜索资源需要掌握的技能 / 092
3.2.19 解读:关于页面设计需要掌握的技能 / 093
3.2.20 解读:关于防止网站被劫持需要掌握的技能 / 095
3.2.21 解读:关于使用频率较高的 HTTP 状态码 / 096
3.2.22 解读:关于流量下跌或流量异常的解决方法 / 096
3.2.23 解读:关于 HTTPS 的常见问题 / 097
3.2.24 解读:关于闭站保护的常见问题 / 097
3.2.25 解读:关于网页快照的疑问 / 098
3.2.26 解读:关于索引量与通过 site 语法查询结果不一致的原因 / 099
3.2.27 解读:关于更换域名的常见问题 / 099
3.2.28 解读:关于新网站需要掌握的技能 / 100
3.2.29 解读:关于死链需要掌握的技能 / 101

第 4 章 实战:不同新媒体平台的 SEO 方案 / 103

4.1 微博 / 104
4.1.1 微博搜索概述 / 104
4.1.2 搜索排序规则 / 105
4.1.3 SEO 步骤 / 107

4.2 微信 / 108
4.2.1 微信搜索概述 / 108
4.2.2 平台规则 / 110
4.2.3 SEO 步骤 / 113
4.3 今日头条（新闻资讯）/ 117
4.3.1 头条搜索概述 / 117
4.3.2 平台规则 / 119
4.3.3 机器推荐机制 / 121
4.3.4 SEO 步骤 / 124
4.4 小红书（种草社区）/ 129
4.4.1 小红书搜索概述 / 129
4.4.2 平台规则 / 130
4.4.3 SEO 步骤 / 136
4.4.4 算法机制 / 140
4.5 知乎 / 143
4.5.1 平台规则 / 144
4.5.2 SEO 步骤 / 147
4.6 B 站 / 149
4.6.1 平台规则 / 150
4.6.2 SEO 步骤 / 151
4.6.3 投稿规范 / 152
4.7 抖音 / 156

第 5 章 实战：SEO 方案制作与营销运用 / 159

5.1 SEO Brief 解读 / 160
5.2 SEO 数据分析 / 160
5.3 SEO 策略 / 161
5.4 SEO 执行规划 / 162
5.5 SEO 服务团队 / 162
5.6 SEO 数据汇报 / 163
5.7 SEO 在口碑营销中的运用 / 163

5.7.1 在口碑营销中制定 SEO 目标 / 164
5.7.2 在口碑营销中制定 SEO 策略 / 165
5.7.3 在口碑营销中运用 SEO 技术 / 165
5.8 SEO 在品牌赋能中的运用 / 166
5.9 SEO 项目评估 / 166
5.9.1 SEO 的业务背景与立项价值评估 / 166
5.9.2 SEO 业务招标的评分标准 / 167

第 6 章 实战：SEO 报告的结构与常用工具 / 169

6.1 SEO 报告的汇报结构 / 170
6.1.1 标准汇报结构 / 171
6.1.2 大中型项目汇报结构 / 172
6.1.3 大型高规格项目汇报结构 / 172
6.2 SEO 报告的常用工具 / 173

感 谢 / 175

第1章

SEO入门

搜索引擎是一种能在互联网上“找内容”的技术，涉及爬虫（蜘蛛）技术、检索排序技术、页面处理技术、大数据加工技术、自然语言加工技术等。搜索引擎通过使用这些技术，可为用户提供信息服务。SEO（搜索引擎优化）是利用搜索引擎的规则，提高网站在搜索引擎内自然排名的技术。

若想全面了解SEO，则需要了解SEO的发展历程和基础知识，进而建立SEO知识体系。本章首先介绍SEO是什么，然后根据SEO在国内外的发展现状解读SEO的价值，最后从搜索引擎分类、SEO学习准备、SEO专业术语等方面详细介绍SEO。

 1.1 SEO是什么

SEO，即搜索引擎优化，是连接搜索引擎和用户之间的“桥梁”，也是一项为用户提供便捷搜索功能的技术。用户在互联网中搜索内容时，借助SEO可事半功倍。

SEO的英文全称如图1-1所示。SEO的效果示例如图1-2所示，在对网站进行优化后，网站的右侧将显示“百度快照”字样。

图1-1　SEO的英文全称

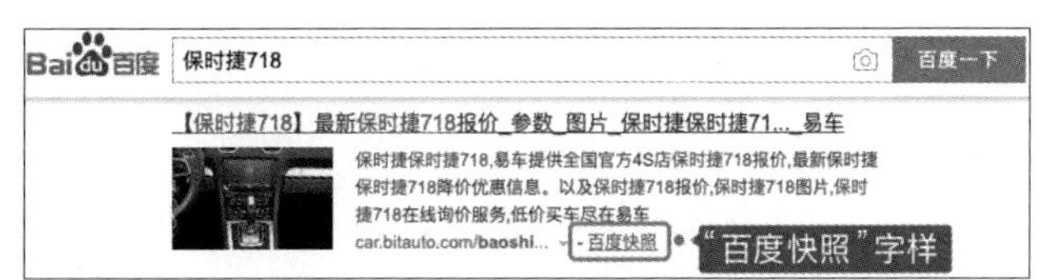

图 1-2 SEO 的效果示例

在通常情况下，SEO 具有如下价值。

- SEO 是成功运营一个网站的基础。通过 SEO，可快速识别和判断网站的运营决策是否正确。若网站没有流量和用户，或没有实现预期效果，则需优化。此时可从 SEO 的角度分析该网站的优缺点，进而进行后续的优化工作。
- 净化搜索环境，提升品牌美誉度。
- 改善搜索体验，减少品牌与消费者之间的信息差。

1.2 SEO 发展现状

1. SEO 在国内的发展现状

从 2004 年到 2022 年，SEO 在中国已经“走过了”19 个年头。

SEO 是未来营销环节中不可或缺的一环，与搜索引擎友好协作，可提高搜索效果、降低成本：搜索引擎使用了文字识别、反作弊、图形搜索、地图搜索、视频搜索、语音搜索、个性化搜索等技术；SEO 则更新了各种算法（星火算法、起源算法、白杨算法、轻舟算法、烽火算法、石榴算法、绿萝算法、冰桶算法、蓝天算法、天网算法、飓风算法、清风算法、悟空算法、后羿算法等），逐步为用户呈现更精准、更丰富的搜索结果。

然而，巨大的流量变现利益驱使部分 SEO 从业者以身犯险，使得 SEO 在发展过程中，经历过混乱时期：违规操作（关键词堆砌、域名泛解析）、恶性竞争、垃圾内容制造（仿站、内容抄袭、伪原创、目录买卖、黑站）……当然，他们也因此付出了代价——他们的网站永远不会被搜索引擎收录。

目前，SEO在中国的现状如下。

◆ 效果。SEO为网站带来的流量占网站总流量的30%以上，是营销活动中不可或缺的角色。如果网站突然暂停营销活动或缺少广告预算，则还能为网站带来流量的只有直接流量（会员流量、私域流量、自然引荐流量和其他主动流量等）和SEO技术。

◆ 技术。在学习和使用SEO技术时，需要时刻思考和分析，这些思考和分析是建立在不断积累经验和快速学习基础上的。也就是说，SEO的入门门槛在不断提高，需要掌握很多的知识。因此，很多企业选择将SEO业务外包给专业的SEO咨询服务公司。

◆ 从业者。目前，为中国的互联网用户提供商业信息优化服务的SEO从业者数以万计。

2. SEO在国外的发展现状

自2001年起，SEO开始在国外崭露头角。

注意

这里说的国外主要是指北美和欧洲。

以谷歌、必应为代表的优秀搜索引擎厂商，致力于为用户呈现优质的搜索结果，在反作弊、语义矫正、搜索体验、技术升级、语音图形处理、搜索结果精准性、个性化搜索推荐等方面不断努力。

然而，国外也不乏SEO的违规操作，如算法破解、内容欺骗、垃圾外链、流量劫持、页面篡改……这些操作虽然为部分SEO从业者提供了丰厚的利润，但他们也必将付出惨痛代价。

目前，SEO 在国外的现状如下。

- 入门门槛较高，初学者需要付出一定的时间成本和学习成本。
- 算法更新频繁，加大了使用 SEO 的难度。
- 违规内容处罚严厉，搜索生态体系不断发展并逐步走向成熟。
- SEO 成为很多企业必不可少的营销手段。

1.3 SEO 基础知识

为了便于读者了解 SEO 的基础知识，本节将介绍搜索引擎分类、SEO 学习准备和 SEO 专业术语等知识。

1.3.1 搜索引擎分类

从类型上看，搜索引擎可分为综合引擎、全文引擎、元引擎、目录引擎、垂直引擎和自定义引擎。实际上，只要设置好排序规则，人人都有机会创建属于自己的搜索引擎。

为了便于学习交流，本书选取常用的搜索引擎进行优化说明，包括百度、微博、微信、今日头条、小红书、知乎、B 站、抖音等平台的搜索引擎。

1.3.2 SEO 学习准备

1. 创建个人网站

学习 SEO 时需要动手和实践，否则就是纸上谈兵。建议读者在学习 SEO 的相关知识前，先创建一个个人网站，然后在这个网站中进行实践。

注意

企业网站的测试风险较高，不建议初学者使用。本书推荐两个制作成本较低、制作效率较高的网站创建工具：模板之家网、秀站网。

2. 开通站长平台

站长平台可快速、有效地提升初学者的网站运营水平。初学者应及时开通站长平台。部分站长平台如表 1-1 所示。

表 1-1　站长平台

编号	站长平台	编号	站长平台
1	百度站长平台	4	今日头条站长平台
2	搜狗站长平台	5	谷歌站长平台
3	360 搜索站长平台	6	必应站长平台

3. 关注新鲜资讯

营销行业的信息变化速度快，关注新鲜资讯有助于拓展视野。常用来获取新鲜资讯的平台包括百度搜索引擎、爱站网公众号、广告营销志公众号等。

4. 软件与网站

由于 SEO 通常要借助工具实现，因此初学者应安装部分常用软件，并了解常用的网站。本书建议安装如下软件或参考如下网站。

- 逻辑类：MindManager、XMind、百度脑图。
- 图文制作类：Axure RP、美图秀秀。

- 数据类：斗牛百度指数批量查询工具、飞达鲁长尾词查询工具、爱站网、追词网。
- 内容类：火车采集器（LocoySpider）、91 微信编辑器、5118 营销大数据网。

1.3.3 SEO 专业术语

了解 SEO 的专业术语能帮助初学者快速入门。SEO 的专业术语及其说明如表 1-2 所示。

表 1-2 SEO 的专业术语及其说明

编号	专业术语	说明	编号	专业术语	说明
1	头部	从 Logo 到菜单栏的内容	11	爬虫、蜘蛛	爬行和访问页面的程序，每个搜索引擎都有特定的爬虫或蜘蛛名称
2	身体	网页的正文内容	12	顶级域名	格式为 abc.com
3	底部	包括公开信息、声明、备案信息、快速链接等内容	13	主域名	格式为 www.abc.com
4	公共元素	网页公有的内容，以及公约、共识和基础信息	14	外链	包括站外链接、友情链接和反向链接
5	PR	谷歌权重	15	算法	规则的统称
6	BDR	百度权重	16	PGC	专业生产内容

（续）

编号	专业术语	说明	编号	专业术语	说明
7	收录	只有网页被收录后，爬虫才能访问网页	17	UGC	用户生产内容
8	索引	使网页有参与排名的机会	18	OGC	职业生产内容，实际应用中，也被称为品牌内容
9	备份	网站一般会每天自动备份，防止网站文档丢失	19	301 跳转	标识链接跳转状态。旧网址在废弃前转向新网址，以保证用户的访问
10	元数据	网页本身的内容数据	20	入口	网页在站内的链接分布

第2章 SEO 技术

本章将结合实战经验，详细介绍搜索引擎的优化思路、优化步骤，以及基础元素优化、收录和索引优化、排名资格优化、算法优化、内容升级优化、站外链接优化、小程序优化、特定卡片和聚合优化等内容。

 2.1　SEO 的思路及优化步骤

从最初的技术营销到现在的数字化营销，SEO 的思路和策略已经发生了巨大变化。目前，SEO 的思路如下。

1. 确定优化目标

在进行 SEO 之前，必须先确定优化目标。优化目标可分为直接目标和间接目标：直接目标包括提高 UV（独立访客数）、关键词 TOP 10 能见度、ROI（投入产出比）等数据；间接目标包括体验优化、收录优化、索引优化等。

2. 制定工作计划

SEO 是一项持续性的工作，很难在短时间内完成，根据优化目标制定可落地的工作计划非常重要。

3. 分析数据并细化目标

在分析数据后，可细化所要优化的目标。例如，如果希望某网站的日均 UV 增加 10 万，则细化后的目标如下。

- A 类型落地页的日均 UV 增加 1 万。
- B 类型落地页的日均 UV 增加 3 万。
- C 类型落地页的日均 UV 增加 6 万。

4. 优化历史数据和历史页面

网站从上线运营开始，会有很多历史数据和历史页面，通过对其进行分析，可制定历史数据和历史页面的优化策略：确定历史数据和历史页面是否还能满足用户需求，如果不满足，则将其废弃；判断是否需要激活某些历史数据和历史页面。

5. 优化新增数据

原则上，新增数据可能会拥有潜在的排名机会。当出现新增数据后，建议马上采取最佳的优化策略，同时也要优化历史数据。

6. 设置维护和更新的频率

因为算法在不断更新，用户的需求也在不断变化，所以建议应每日更新网站内容，以便提高网站的竞争力。

7. 开展定期的 PIP 会议

PIP，即绩效改善计划。定期的 PIP 会议是优化作业不可或缺的流程，可减少信息差，随时核查优化结果。

SEO 是系统化的工程，需要进行全面的优化。笔者结合多年的项目优化经验，总结出一套普适性较高的 SEO 优化步骤，如图 2-1 所示。

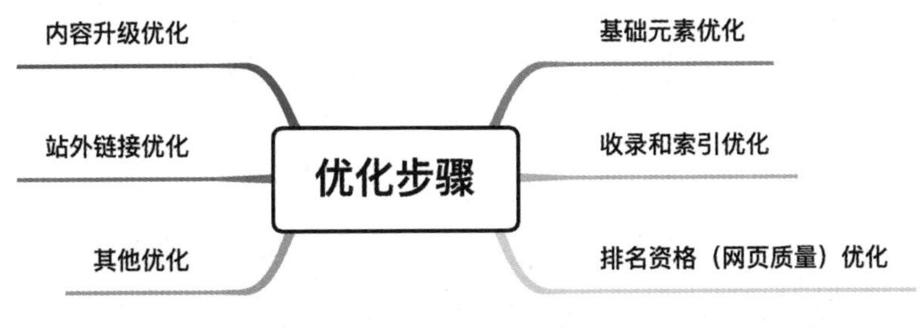

图 2-1 SEO 优化步骤

2.2 基础元素优化

一个网页的基础元素由头部、身体、底部和公共元素组成。基础元素属于必须优化的内容。网页进行基础元素优化时，需要进行头部优化、身体优化、底部优化和公共元素优化，如图 2-2 所示。掌握基础元素优化的标准并对网页进行优化，可使网页质量得到大幅度提升。

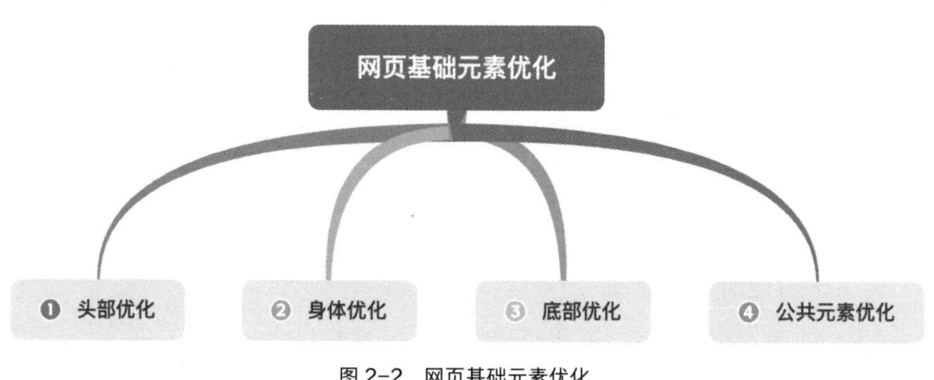

图 2-2　网页基础元素优化

2.2.1 头部优化

头部优化可以决定网页结构是否简单、搜索引擎是否能快速识别网页、URL 是否扁平化、网页身份信息是否明确、爬虫抓取和读取网页路径是否顺畅等。

1. 头部优化的范围

以大家保险集团官网为例，头部优化包括 TDK 优化、URL 优化、Logo 优化、中英文链接优化、搜索框优化、主导航菜单优化、电话等。大家保险集团官网的头部优化内容如图 2-3 所示。此外，头部优化还包括地域标签优化、用户登录入口优化、站内热门搜索词优化、购物车优化、二维码优化、页面导航优化等。京东首页的头部优化内容如图 2-4 所示。

图 2-3　大家保险集团官网的头部优化内容

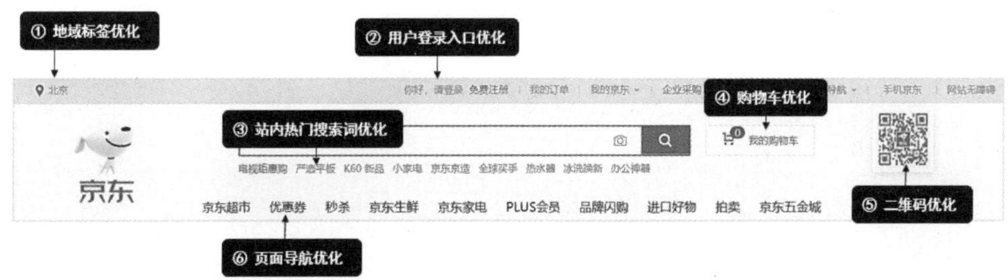

图 2-4　京东首页的头部优化内容

TDK 是一种常用称呼，是 title（页面标题）、description（描述）、keywords（关键词）三个单词的首字母组合。URL 优化有利于加强收录效果和蜘蛛爬行效果，并且可以更好地传递权重。

2. 头部优化的目标

在优化头部前，需要先设置优化目标。常见的头部优化目标如下。

- 为了使爬虫顺利爬行页面内容和链接而清除爬行时的障碍。
- 规范头部的内容，以便提升网站权重。
- 合理部署关键词。

3. 头部优化的思路

一般来说，传统的学习资料从 URL、title、关键词、域名、主机等概念开始介绍头部优化思路。这些概念固然有用，但对初学者来说，短期内很难运用。因此，本节先介绍头部优化代码，如下所示，使读者能够快速进行实践。

<title> 页面标题，处于页面的核心位置 </title>

<link> 调用外部样式表文件 </link>

<style> 调用内部的样式功能 </style>

<base> 不使用当前页面的 URL，为页面上所有的相对链接规定默认的 URL </base>

<script> 脚本命令 </script>

<meta name=“名称”content=“值”/>

注意

name=“名称”中的名称是可选的，常见的选项有 keywords（关键字）、description（描述）、author（作者）、robots（机器人向导）等。

title（页面标题）的下方为 description（描述），用于描述页面的主要内容。title 和 description 的位置如图 2-5 所示。

图 2-5 title 和 description 的位置

注意

页面标题应准确概括页面内容，避免使用模糊和不相关的描述；简明扼要，避免使用长标题，避免关键词堆砌；满足搜索用户的需求，寻找优质长尾词；保证题文相符，不做“标题党”。

标签是头部优化的重要内容，包含多个键值对，如表 2-1 所示。

表 2-1　标签包含的键值对及其说明

name（键）	content（值）	说明	SEO 时的作用
generator	根据实际情况填写	页面的生成工具	工具名称
keywords	根据实际情况填写	概括页面内容	当前页面的关键词
description	根据实际情况填写	PC 端不得超过 75 个汉字，移动端不得超过 48 个汉字，用于描述页面	当前页面的简介
author	根据实际情况填写	页面创建者的姓名	当前页面的创建者
robots	all	允许爬虫对页面文件和其他超链接进行索引	引导爬虫抓取页面
robots	none	不允许爬虫对页面文件和其他超链接进行索引	将重复的页面和链接隐藏，避免浪费爬虫的时间和精力
robots	index	允许爬虫对页面文件进行索引	提升链接流行度
robots	noindex	不允许爬虫对页面文件进行索引	降噪优化的常用手段之一
robots	follow	允许爬虫对页面的其他超链接进行索引	提升链接的流行度
robots	nofollow	不允许爬虫对页面的其他超链接进行索引	页面去重的常用手段之一

4. 头部优化步骤

头部优化主要包括 8 个步骤：URL 优化、title 优化、keywords 优化、description 优化、Logo 优化、搜索框优化、主导航优化和营销元素优化。

（1）URL 优化

页面有多种类型，如图 2-6 所示。页面类型不同，URL 类型和 URL 优化规则也不同。

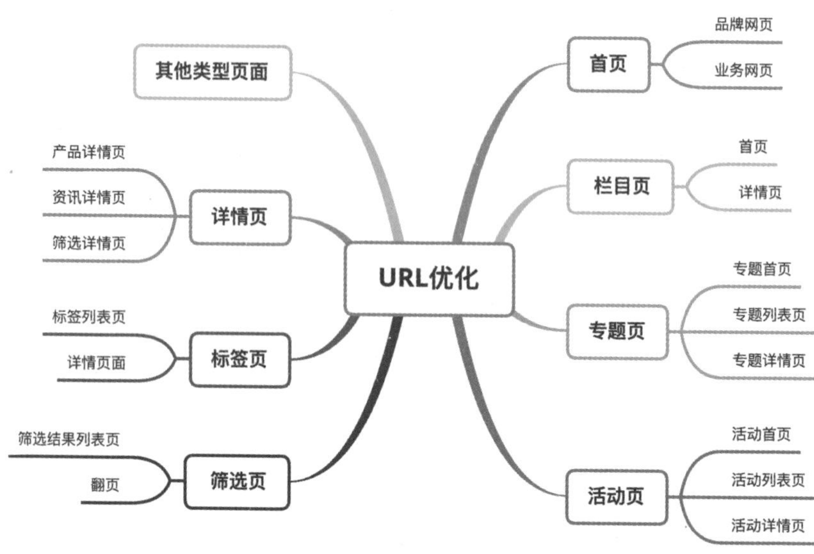

图 2-6　页面类型

① 首页的 URL 优化规则

首页的 URL 建议小写。优化时需要注意 URL 静态化访问有效且具有唯一性。首页的 URL 优化规则如表 2-2 所示。在表 2-2 中，编号为 ① ～ ⑭ 的 URL 是不标准的，不标准的 URL 会导致首页权重无法有效集中，爬虫无法识别哪个 URL 才是唯一合法的 URL。此时，需要将编号为 ① ～ ⑭ 的 URL 通过 301 跳转的方法，跳转到编号为 ⑮ 的标准 URL。

表 2-2　首页的 URL 优化规则

编号	域名类型	URL	说明
①	顶级域名	abc.com/home	（1）按照搜索引擎的规则，编号为①～⑭的 URL 为不符合规则的首页 URL，需要进行优化 （2）在开发网站时，开发人员因使用不同的语言进行开发，导致 URL 出现不同的后缀（“.php”、“.shtm” 等），需要进行优化
②	顶级域名	abc.com/index	
③	顶级域名	abc.com/index.php	
④	顶级域名	abc.com/index.htm	
⑤	顶级域名	abc.com/index.html	
⑥	顶级域名	abc.com/index.shtm	
⑦	顶级域名	abc.com/index.shtml	

（续）

编号	域名类型	URL	说明
⑧	主域名	www.abc.com/home	
⑨	主域名	www.abc.com/index	
⑩	主域名	www.abc.com/index.php	
⑪	主域名	www.abc.com/index.htm	
⑫	主域名	www.abc.com/index.html	
⑬	主域名	www.abc.com/index.shtm	
⑭	主域名	www.abc.com/index.shtml	
⑮	标准 URL	https://www.abc.com/	权重应全部集中于此

② 其他页面的 URL 优化规则

URL 呈现静态化、扁平化是很有必要的。URL 的目录尽量不超过三层，越简短，越有利于数据的分析和追踪。其他页面的 URL 优化规则如表 2-3 所示。表中“{}”中的内容可根据具体情况进行替换。

表 2-3　其他页面的 URL 优化规则

页面类型	URL 优化规则
栏目页	http://www.abc.com{ 栏目名称的首字母缩写 }/
专题页	http://www.abc.com/{ 专题名称的首字母缩写 }/
活动页	http://www.abc.com/{ 活动类型或日期 }/{ 栏目名称的首字母缩写 }/
筛选页（筛选结果列表页）	http://www.abc.com/{ 栏目名称的首字母缩写 }/{select}.html
筛选页（翻页）	http://www.abc.com/{ 栏目名称的首字母缩写 }/{select}-{ 筛选条件 1}-{ 筛选条件 2~N}-P{ 页码 }.html
详情页（筛选详情页）	http://www.abc.com/{ 栏目名称的首字母缩写 }/{select}-{ 筛选条件 1}-{ 筛选条件 2~N}.html
标签页	http://www.abc.com/{ 栏目名称的首字母缩写 }/tag-{ 标签编号 }.html
详情页	http://www.abc.com/{ 栏目名称的首字母缩写 }/{ 详情页 id}.html
其他类型页面	http://www.abc.com/other{ 时间 }/{id 编号 }.html

在实战中，建议将标签编号规范化。例如，若描述B2C的产品编号，则可使用“b{id}c”，即以字母b开始，中间为id，以字母c结尾。标签编号规范化有利于后续进行数据分析，可精准分析UV、跳出率、PV（页面浏览量）、关键词、设备等数据。

注意

设计URL时的注意事项：

- 设计URL时，越简洁越好，最好不要有中文字符，否则会影响识别效果。
- 避免无效参数，如“《》”，无效参数会导致识别错误。
- URL的总长度不能超过1024个字节。

（2）title优化

title非常重要，由汉字、英文和符号组成，用于展示当前页面的关键词。页面类型不同，页面的title优化规则也不同。不同页面的title优化规则如表2-4所示。

表2-4　不同页面的title优化规则

页面类型	title优化规则
首页（品牌网页）	企业简称-企业标语，或企业标语-企业简称
首页（业务网页）	{key1}-{key2}-{key3}-企业{简称或官网名称}
栏目页	{key1}-{key2}-{key3}-栏目名称-企业简称
专题页	{key1}-{key2}-{key3}-专题名称-企业简称
活动页	{key1}-{key2}-{key3}-活动名称-企业简称
筛选页	{筛选条件1}-{筛选条件2}-{筛选条件3}-企业简称
筛选页（翻页）	{筛选条件1}-{筛选条件2}-{筛选条件3}查询结果第{页码}页-企业简称

（续）

页面类型	title 优化规则
详情页（筛选详情页）	满足 { 筛选条件 1}-{ 筛选条件 2}-{ 筛选条件 3} 查询结果第 { 页码 } 页 - 企业简称
标签页	{ 年份时间 } 与 { 标签名称 } 相近结果展示 - 企业简称
详情页（产品详情页）	{ 产品名称 }- 企业简称
详情页（资讯详情页）	{ 资讯文章标题 }- 企业简称
其他类型页面	{key1}-{key2}-{key3}- 企业简称

title 中符号的优化规则如表 2-5 所示。

表 2-5　title 中符号的优化规则

符号	名称	优化规则
【】	实心方头括号	不推荐使用
〖〗	空心方头括号	不推荐使用
『』	双引号，等同于 “”	不推荐使用
○●	空心圆圈、实心圆圈	不推荐使用
△▲	空心三角、实心三角	不推荐使用
☆★	空心五角星、实心五角星	不推荐使用
◇◆	空心菱形、实心菱形	不推荐使用
□■	空心矩形、实心矩形	不推荐使用
▽▼	空心倒三角、实心倒三角	不推荐使用
-	连字符	谷歌搜索引擎必须使用该符号
_	下画线	不推荐使用
|	竖线	不推荐使用
,	逗号	不推荐使用

不同搜索引擎的 title 字数限制如表 2-6 所示。

表 2-6　不同搜索引擎的 title 字数限制

搜索引擎类型	title 字数限制
PC 端搜索	不超过 35 个汉字
移动端搜索	不超过 24 个汉字
微信搜索	不超过 23 个汉字
头条搜索	24 ~ 35 个汉字

（3）keywords 优化

不同页面的 keywords 优化规则如表 2-7 所示。

表 2-7　不同页面的 keywords 优化规则

页面类型	keywords 优化规则
首页	{key1}，{key2}，{key3}
栏目页	{key1}，{key2}，{key3}
专题页	{ 专题名称全称 }，{ 专题名称简称 }，企业简称
活动页	{ 活动名称全称 }，{ 活动名称简称 }，企业简称
筛选页	{ 筛选条件 1}，{ 筛选条件 2}，{ 筛选条件 3}，企业简称
筛选详情页	{ 筛选条件 1}-{ 筛选条件 2}-{ 筛选条件 3}，企业简称
标签页	{ 标签名称 }，企业简称
产品详情页	{ 产品名称全称 }，{ 产品名称简称 }
资讯详情页	{ 资讯文章标题 }，{ 文章中的关键词 }
其他类型页面	{key1}，{key2}，{key3}

（4）description 优化

不同页面的 description 优化规则如表 2-8 所示。不同页面的 description 字数限制如表 2-9 所示。

表 2-8 不同页面的 description 优化规则

页面类型	description 优化规则
首页	企业概述，如品牌资产、业务模式、服务内容等
栏目页	{栏目名称}栏目，描述栏目的功能、作用、价值和提供的服务
专题页	内容包括 {key1}、{key2}、{key3} 等资讯，以及经验分享和对相关问题的解答
活动页	{活动名称}是{企业简称}面向用户推出的普惠活动，活动包括 {key1}、{key2}、{key3}，单击查看详情
筛选页	筛选页提供产品各维度的查询服务，如口碑、价格、型号、功能等
筛选页（翻页）	提供满足{筛选条件 1}、{筛选条件 2}、{筛选条件 3} 的搜索结果，并显示“第{页码}页”
详情页（筛选详情页）	提供满足{筛选条件 1}、{筛选条件 2}、{筛选条件 3} 的搜索结果
标签页	{企业简称}提供{标签名称}的内容、图片、视频、评论和相关产品推荐
详情页（产品详情页）	可描述产品的功能、属性、价格、使用人群、定位、口碑、评价等
详情页（资讯详情页）	页面首段内容的前 75 个汉字
其他类型页面	保证语句通顺，需要加入关键词，字数不超过 75 个汉字

表 2-9 不同页面的 description 字数限制

页面类型	description 字数限制
PC 端搜索	不超过 75 个汉字
移动端搜索	不超过 48 个汉字
微信搜索	不超过 46 个汉字
头条搜索	不超过 45 个汉字

（5）Logo 优化

Logo 是每个网页的必要元素，也是优化的重点内容。视客眼镜网的 Logo 优化示例如图 2-7 所示。

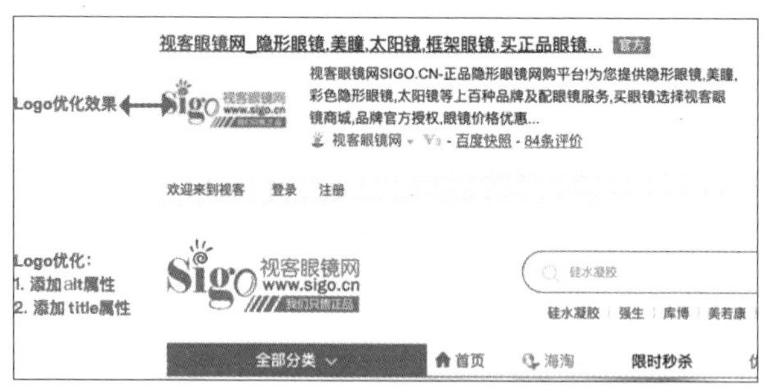

图 2-7　视客眼镜网的 Logo 优化示例

Logo 优化有如下规则。

- 清晰度：确保 Logo 图片缩小到 121*75 像素时，仍然清晰可见。
- 格式：Logo 图片的格式优先选用 JPG、PNG、JPEG。
- 命名：{ 企业名称 }_Logo.jpg。
- 添加 alt 属性：语法为 <img src="boat.gif" alt=" 视客眼镜网 Logo" />。
- 添加 title 属性：语法为 <img src="boat.gif" title=" 视客眼镜网 " />。

视客眼镜网的 Logo 优化代码如图 2-8 所示。

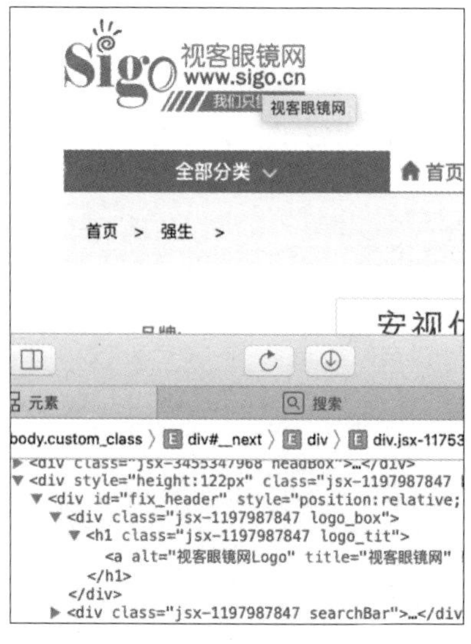

图 2-8　视客眼镜网的 Logo 优化代码

(6) 搜索框优化

因为头部是整个网页通用的，所以蜘蛛爬行头部的频率较高，头部的权重也较高。优化头部时，需要考虑用户行为、用户转化、关键词等因素。搜索框属于头部的重要元素之一。搜索框优化是十分必要的。搜索框优化示例如图 2-9 所示。

图 2-9 搜索框优化示例

在推荐产品时，搜索框会关联一些关键词。搜索框优化规则如下。

- 推荐上新产品或榜单产品，根据地域、时间推荐对应的产品。
- URL 静态化。
- 包含关键词。

如果不想在搜索框中推荐产品，则可在搜索框的推荐链接中添加 nofollow 标签。

(7) 主导航优化

主导航承担“向导”的角色，优化规则如下。

- 包含关键词。
- URL 静态化。
- 除了专题页面、活动页面和大促承接页面，主导航需要保持全站统一。
- 主导航、次导航、面包屑导航的设置应合理，保证机器可读且位置突出，同时确保用户能快速找到所访问页面在网页中的位置和层级。

主导航的优化示例如图 2-10 所示。

图 2-10 主导航的优化示例

(8)营销元素优化

营销元素属于重要的运营“钩子”，用于与用户进行主动或被动沟通，可在人机交互、快捷指令等方面对营销元素进行优化。营销元素优化示例如图 2-11 所示。

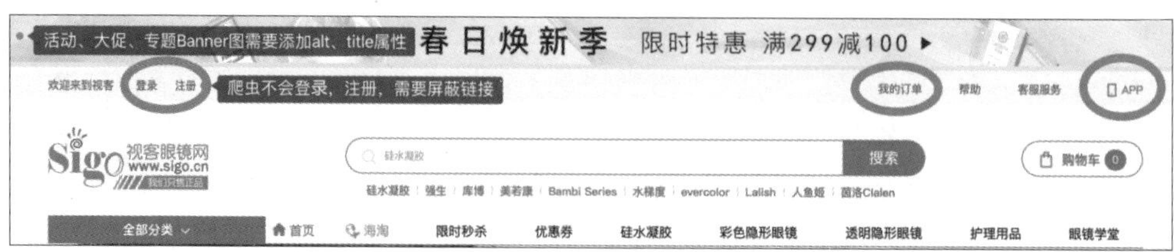

图 2-11 营销元素优化示例

人机交互示例如图 2-12 所示。

营销元素优化规则如下。

◆ 为登录、注册、购物车、订单等链接添加 nofollow 标签。

◆ 为活动图片、横幅广告图片、大促海报图片添加 alt 和 title 属性。

◆ “社会化分享”和“回到顶部”等用于提升用户体验的功能，大多使用 JS 语言实现，需要对这些代码进行封装。

图 2-12 人机交互示例

2.2.2 身体优化

身体是网页中最复杂的部分之一，位于业务交互的核心位置，需要从用户的搜索立场出发进行优化。用户在进行主动搜索或被动搜索时，都是为了找到想要的内容或解决方案。身体优化可为用户提供多种内容和解决方案，也可为业务带来潜在的机会。

身体优化包括固定版块优化、动态版块优化、元数据内容优化和身体交互操作优化。

1. 固定版块优化

固定版块十分适合放置内链，可根据网页层级、主推产品、网页权重填充内容。详情引流页的固定版块优化示例如图 2-13 所示。

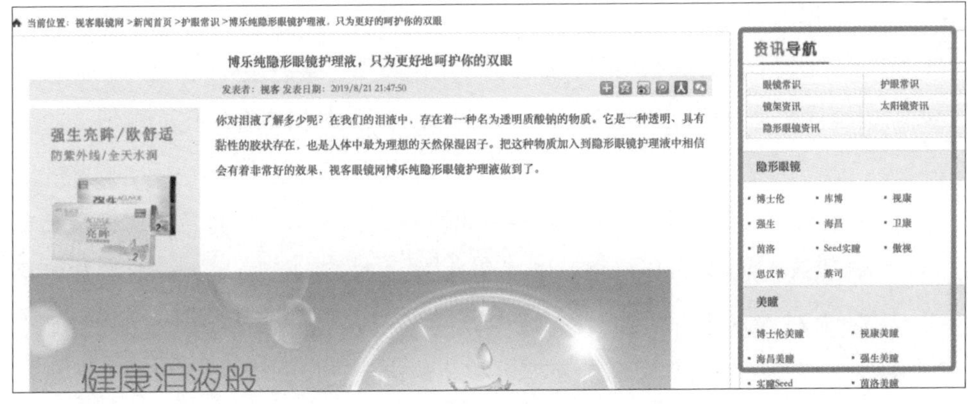

图 2-13 详情引流页的固定版块优化示例

2. 动态版块优化

动态版块可与元数据中提取的关键词配合，达到设置更新规则、匹配不同搜索需求的目的，优化时，需要不断更新关键词。动态版块优化规则如下。

- 要素：更新时间、阅读数、互动数、置顶内容、标签。
- 每次更新的数量：小于 100 条 / 页面。
- 更新频率：每天。

动态版块优化示例如图 2-14 所示。

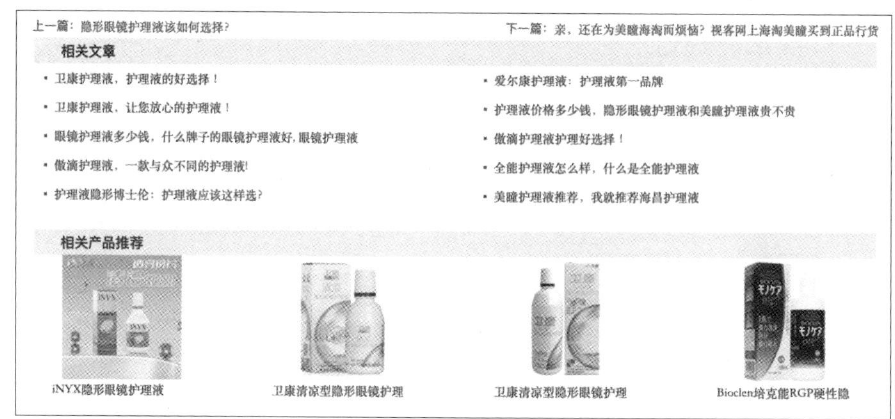

图 2-14　动态版块优化示例

3. 元数据内容优化

此处的元数据内容是指当前页面生产的内容，不包括链接导入和导出的内容。元数据内容优化是身体优化的重点。下面详细介绍元数据内容优化的规则。

- 标题优化：标题添加 <h1> 标签，出现一次关键词。标题为原创内容且可读性强。PC 端的标题字数不得超过 35 个汉字。移动端的标题字数不得超过 24 个汉字。
- 时间优化：不同类型的页面需要优化的时间类型如表 2-10 所示。优化后的时间展示格式为“年 / 月 / 日 时 : 分 : 秒”。

表 2-10　不同类型的页面需要优化的时间类型

页面类型	时间类型
首页	更新时间
列表页	更新时间、发布时间
详情页	发布时间、更新时间、互动时间

- ◆ 关键词优化：根据需要对关键词进行精准匹配或模糊匹配。
- ◆ 首段优化：首段内容要求原创，建议按照“总分总”的形式描述内容。
- ◆ 图片优化：图片数量控制为 3~6 张，优先使用 JPG 格式的图片，建议使用 121*75 像素的图片，实现同比例缩放图片、单击查看大图、自由缩放、自由切换等功能。
- ◆ 排版优化：配色美观、结构清晰、趣味性强。
- ◆ 结尾优化：进行内容总结。
- ◆ 文字优化：长按文字可进行复制，单击链接可进行跳转。当字号大于 10 磅，行高大于 1.4 厘米时，内容模块之间要有明显间隔。

元数据内容优化示例如图 2-15 所示。

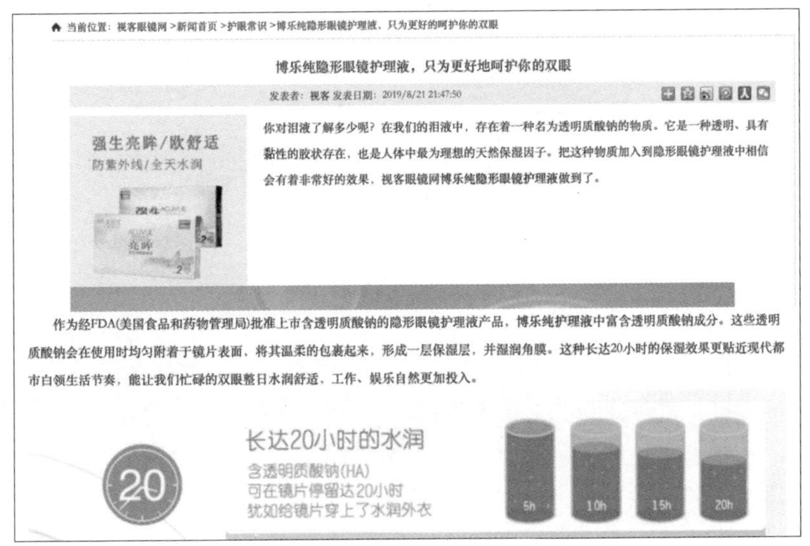

图 2-15　元数据内容优化示例

4. 身体交互操作优化

身体交互操作属于页面的“灵魂”，用于实现用户的普适性访问和独立性访问。常见的优化方法如下。

- 关键词：能够通过关键词实现一次精准匹配或模糊匹配。
- 功能友好：用户可快速直达目标页面或快速使用功能，不需要重复单击。落地页可顺利回退，在上下滑动页面、使用Tab键切换模块时，操作流畅，不卡顿。
- 功能按钮：按钮位置符合用户习惯，不可抖动或闪烁；与页面的其他模块（如广告）之前有一定间距，不可重叠，以避免用户误操作；准确、可用，且实际功能与文字描述完全一致，不可出现诱导信息，也不可引导用户跳转至第三方页面。
- 咨询按钮：在当前页面只能出现一次；在用户未主动单击该按钮的情况下，咨询对话窗口不可自动弹出；可在底部或侧面悬浮，面积不宜过大，以免干扰用户浏览页面。
- 图片资源：可实现缩放图片、多张图片左右滑动、自由切换图片、单击图片查看大图等功能。
- 视频、音频资源：播放视频或音频资源时，允许拖曳进度条。视频可全屏播放，不可出现抖动和多次卡顿的情况，以免影响用户体验。
- 文本资源：支持复制、搜索、分享文本等操作。
- 定位服务：当用户有定位需求时，可支持自动定位和导航功能，并做到定位准确。
- 服务交互：服务界面模块清晰、布局合理，控件与页面可流畅切换。通过交互操作可降低用户的输入成本，如实现智能填写功能、自动填写历史信息、利用控件实现输入等。用户在进行交互操作时，可快速得到有效反馈，如操作提示、解释性提示、不符合规范提示等。
- 信息识别：当用户有信息识别方面的需求时，可支持语音识别、二维码识别和人像识别。

2.2.3 底部优化

底部属于全站通用内容（专题页面、活动页面、异形页面除外）。在进行底部优化前，需要对底部进行备份。视客眼镜网的底部优化范围如图 2-16 所示。

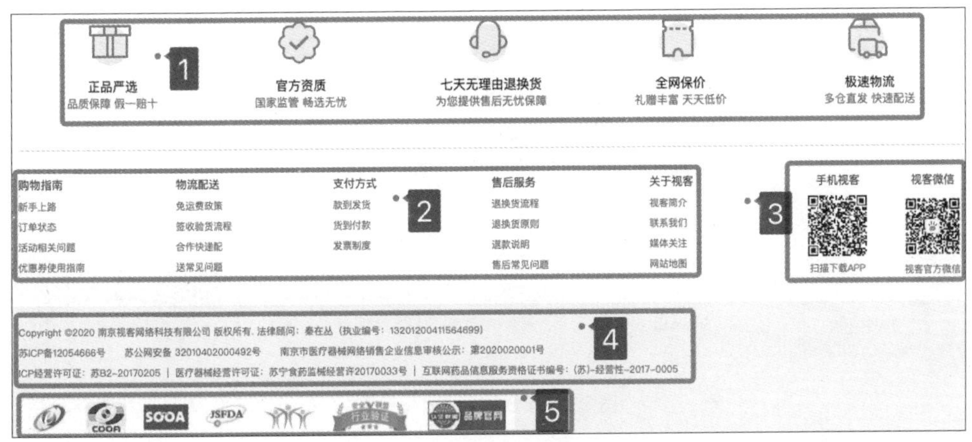

图 2-16 视客眼镜网的底部优化范围

在进行底部优化时，需要单独设置并封装样式文件和更新器，在图 2-16 中标注了 5 个底部优化的位置，下面结合这 5 个位置介绍底部优化的具体细节。

- 位置 1：展示为用户提供的服务保障类内容，为了保持全站的统一性，需要在代码中添加 iframe 标签。
- 位置 2：展示重点栏目页链接、标签页链接、列表页链接、入口页链接、落地页链接、网页地图链接和重点关键词等。
- 位置 3：展示二维码图片，需要在代码中添加 alt 和 title 属性。
- 位置 4：展示备案号、特殊行业批号和公示内容，导出的链接代码应添加 nofollow 标签，可减少权重流失。
- 位置 5：展示可信网站和诚信网站的 Logo。

2.2.4 公共元素优化

公共元素优化时必须遵守品牌自身的规范和行业规范。公共元素优化范围如图 2-17 所示。

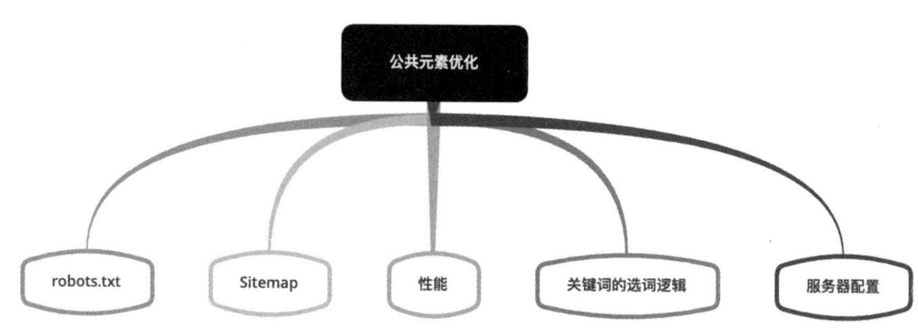

图 2-17 公共元素优化范围

1. robots.txt 文件优化

robots.txt 文件的作用在于告诉搜索引擎哪些页面可以抓取，引导蜘蛛快速完成爬行和抓取。robots.txt 文件的结构如图 2-18 所示。

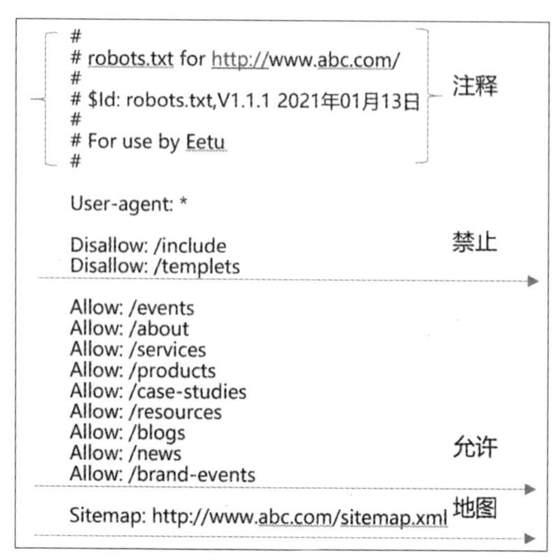

图 2-18 robots.txt 文件的结构

robots.txt 文件可限制搜索引擎抓取页面内容，如图 2-19 所示。

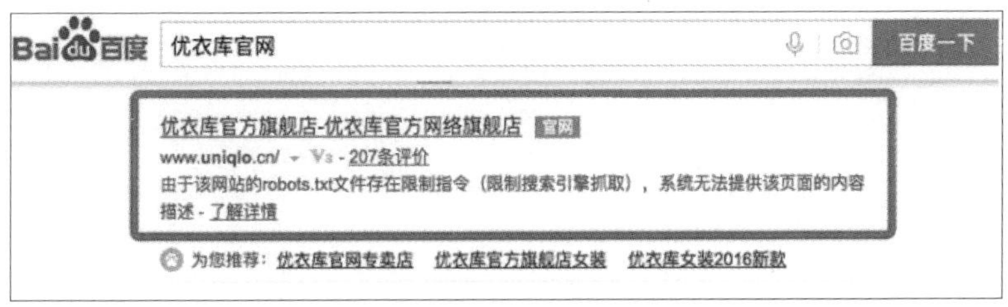

图 2-19　限制搜索引擎抓取页面内容

robots.txt 文件限制搜索引擎抓取页面内容的代码如图 2-20 所示。

图 2-20　限制搜索引擎抓取页面内容的代码

robots.txt 文件的使用方法如下。

- 必须以 www.abc.com/robots.txt 格式命名，如果不符合命名格式，将起不到相应效果。
- 直接存放在网站根目录下，如直接存放在 D 盘下，不能放在文件夹内。
- 禁止抓取重点目录，包括数据库目录、缓存目录和登录注册页面目录等。
- 最后一行为网站地图目录，其中“Sitemap:”中的 S 必须大写。
- 需要注明搜索引擎的蜘蛛名称。不同搜索引擎的蜘蛛名称如表 2-11 所示。

表 2-11 不同搜索引擎的蜘蛛名称

搜索引擎	蜘蛛名称	搜索引擎	蜘蛛名称
百度搜索	baiduspider	百度图片搜索	baiduspider-image
搜狗搜索	sogouspider	百度视频搜索	baiduspider-video
有道搜索	YodaoBot	百度新闻搜索	baiduspider-news
腾讯搜搜	Sosospider	百度搜藏	baiduspider-favo
谷歌搜索	googlebot	百度联盟	baiduspider-cpro
雅虎中国搜索	Yahoo!Slurp	百度商务搜索	baiduspider-ads
Alexa 搜索	ia_archiver	微信搜索	wechat-spider
MSN 搜索	msnbot	头条搜索	Bytespider

注意

在使用 robots.txt 文件的过程中，应学会应用通配符“*”，合并多个 User-Agent，并为每个 User-Agent 定制 Sitemap。

2. Sitemap 文件优化

Sitemap 文件又被称为网站地图，与网站的“内容仓库”类似，用于为蜘蛛提供向导，通知蜘蛛网站上有哪些可抓取的网页。Sitemap 文件优化是获取排名和占位的前提。Sitemap 文件优化的好处包括间接提升收录和索引排名、提高蜘蛛效率、加快页面更新频率、告知蜘蛛网页优先级等。

Sitemap 文件共有 5 种格式，如图 2-21 所示。下面分别介绍这几种格式的制作规范和示例文件。

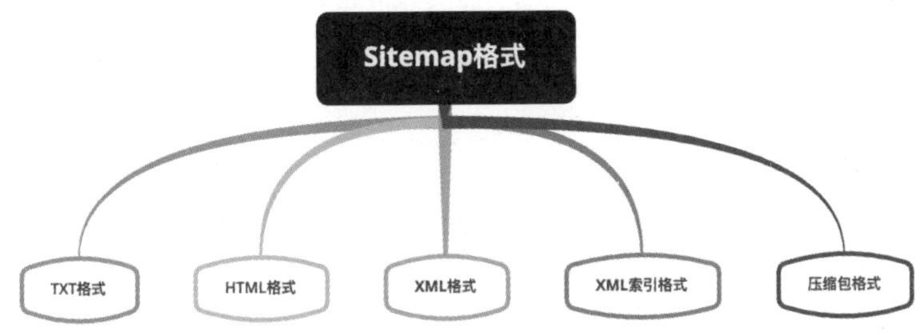

图 2-21 Sitemap 文件的格式

（1）TXT 格式

- 名称：sitemap.txt。
- 网址数量：不超过 5 万个。
- 大小限制：不超过 10MB。
- 路径格式：https://www.abc.com/sitemap.txt。
    - 入口 1：在 robots.txt 文件中加入该文件的 URL。
    - 入口 2：在 sitemap.xml 文件中加入该文件的 URL。
    - 入口 3：在 sitemap.html 文件中加入该文件的 URL。
- 注释格式：# 单行注释。
- 更新频率：1 周 1 次。

TXT 格式的 Sitemap 示例文件如下。

```
# 说明: www.abc.com 网站地图（txt 格式）
# 作者: 家乡青苹果
# 日期: 2022 年 03 月 06 日 星期日
# 邮箱: heyatao1216@126.com
https://www.abc.com/
https://www.abc.com/abc
https://www.abc.com/abc/abc.html
```

（2）HTML 格式

- 名称：sitemap.html。
- 网址数量：没有明确规定，主要展示重点目录页面，建议不超过 5 万个。
- 大小限制：没有明确规定，建议不超过 10MB。
- 路径格式：https://www.abc.com/sitemap.txt。
    - 入口 1：在 robots.txt 文件中加入该文件的 URL。
    - 入口 2：在 sitemap.xml 文件中加入该文件的 URL。
    - 入口 3：在 sitemap.txt 文件中加入该文件的 URL。
- 注释格式：<!-- 注释内容 -->。
- 更新频率：1 周 1 次。

HTML 格式的 Sitemap 示例文件如下。

```
<!--
说明：www.abc.com 网站地图（HTML 格式）
作者：家乡青苹果
日期：2022 年 03 月 06 日 星期日
邮箱：heyatao1216@126.com
-->
```

（3）XML 格式

XML 格式的文件可使用多种算法。例如，某 XML 格式的文件使用了 A 算法和 B 算法进行制作。

- 名称：sitemap.xml。
- 网址数量：不超过 5 万个，建议 4 万个即可，1 个 URL 的长度不得超过 256 字节。

◆ 大小限制：例如，A 算法要求小于 10MB，B 算法要求小于 50MB。

◆ 路径格式：https://www.abc.com/sitemap.txt。

- 入口 1：在 robots.txt 文件中加入该文件的 URL。
- 入口 2：在 sitemap.html 文件中加入该文件的 URL。
- 入口 3：在 sitemap.txt 文件中加入该文件的 URL。

◆ 注释格式：<!-- 注释内容 -->。

◆ 更新频率：1 周 1 次。

XML 格式的 Sitemap 示例文件如下。

```
<!-- 说明: www.abc.com 网站地图（XML 格式）
作者: 家乡青苹果
日期: 2022 年 03 月 06 日 星期日
邮箱: heyatao1216@126.com
-->
<!-- 1.XML 文件的版本声明、编码格式 -->
<?xml version="1.0" encoding="utf-8"?>
<!-- 2. 开始嵌套 XML 文件: 表示整个文件的起始位置，name 和 value 是固定内容，表示共享创意授权 -->
<urlset xmlns="http://www.sitemaps.org/schemas/sitemap/0.9"
xmlns:xsi="http://www.w3.org/2001/XMLSchema-instance"
xmlns:mobile="http://www.baidu.com/schemas/sitemap-mobile/1/"
xsi:schemaLocation="http://www.sitemaps.org/schemas/sitemap/0.9
http://www.sitemaps.org/schemas/sitemap/0.9/sitemap.xsd">
<!-- 3. 展示 URL 数据 -->
<url>
<!-- 必选项: 完整的绝对路径，长度不得超过 256 字节 -->
<loc>http://www.yoursite.com/yoursite.html</loc> <!-- PC 端网页 -->
```

```
<!-- 必选项，URL 最后一次更新的时间，有两种时间格式：2022-03-22T14:12:14+00:00 或 2022-03-22）-->
<lastmod>2022-03-07</lastmod>
<!-- 必选项，URL 的更新频率：always（经常）、hourly（时）、daily（天）、weekly（周）、monthly（月）、yearly（年）、never（从不）-->
<changefreq>daily</changefreq>
<!-- 必选项，表示网页优先级，数值在 0.0 到 1.0 之间，值越大表示优先级越高 -->
<priority>0.8</priority>
<!-- 4.URL 数据结束 -->
</url>
<url>
<loc>http://www.yoursite.com/yoursite.html</loc>
<mobile:mobile type="mobile"/><!-- 移动端网页 -->
<lastmod>2022-03-07</lastmod>
<changefreq>daily</changefreq>
<priority>0.8</priority>
<url>
<loc>http://www.yoursite.com/yoursite.html</loc>
<mobile:mobile type="pc，mobile"/><!-- 自适应网页 -->
<lastmod>2022-03-07</lastmod>
<changefreq>daily</changefreq>
<priority>0.8</priority>
</url>
<!-- 5. 结束 XML 文件的嵌套 -->
</urlset>
```

（4）XML 索引格式

- ◆ 名称：sitemap.xml。
- ◆ 网址数量：不超过 5 万个，建议 4 万个即可。URL 的长度不得超过 256 字节。
- ◆ 大小限制：小于 10MB。
- ◆ 路径格式：https://www.abc.com/sitemap.txt。
  - 入口 1：在 robots.txt 文件中加入该文件的 URL。
  - 入口 2：在 sitemap.html 文件中加入该文件的 URL。
  - 入口 3：在 sitemap.txt 文件中加入该文件的 URL。
- ◆ 注释格式：<!-- 注释内容 -->。
- ◆ 更新频率：根据需要可随时更新。

XML 索引格式的 Sitemap 示例文件如下。

```
<!-- 说明: www.abc.com 网站地图（XML 索引格式）
作者: 家乡青苹果
日期: 2022 年 03 月 06 日 星期日
邮箱: heyatao1216@126.com
-->
<!--XML 索引文件的版本声明、编码格式 -->
<?xml version="1.0" encoding="utf-8"?>
<!-- 开始嵌套 XML 索引文件：表示整个文件数据的起始位置，name 和 value 是固定内容，表示共享创意授权 -->
<sitemapindex xmlns="http://www.sitemaps.org/schemas/sitemap/0.9">
<!-- Sitemap 文件的开头 -->
<sitemap>
<!-- 必选项，使用 sitemap 标签提交一个子 Sitemap 文件 -->
<loc>http://abc.com/ext/xmlsitemap/add/202203/index_20220306.xml</loc>
```

<!-- 必选项，文件最后一次的更新时间，有两种时间格式：2022-03-22T14:12:14+00:00 或 2022-03-22）-->

<lastmod>2022-03-14</lastmod>

<!--Sitemap 文件结束 -->

</sitemap>

<!-- XML 索引文件嵌套结束 -->

</sitemapindex>

（5）压缩包格式

- 名称：sitemap.xml.gz。
- 压缩工具：GZIP 压缩工具。
- 路径格式：www.abc.com/sitemap.xml.gz。

3. 性能优化

性能优化的常见规则如下。

（1）加载速度

对于不断变化的优化内容，很多 SEO 的从业者没能找到有效办法来提高加载速度，往往会将优化需求提交给运维人员。运维人员将从如下方面提升加载速度。

- 硬件：升级服务器；购买服务器厂商提供的加速插件、加速包和移动网页加速器；选择优质服务商。
- 代码：删除冗余代码；调整代码的加载形式；控制用户下载代码的权限；压缩代码；等等。
- 服务器：为了保证用户能流畅地使用搜索引擎，应确保服务器具有较强的稳定性。选择服务器时，应注意如下几点：中文网站不建议选择国外的服务器；服务器设置很重要，检查是否有禁止爬虫的设置和 404 错误信息设置，以减少发生抓取异常的情况。

- 设置业务量：带宽、内存、CPU 最大访问量等。
- 设置服务器主机：禁止爬虫抓取、设置 404 错误信息等。
- 性能测试：常用的性能测试工具包括 WebPageTest 和百度站长平台等。页面性能测试示例如图 2-22 所示，可查明加载速度慢的原因。

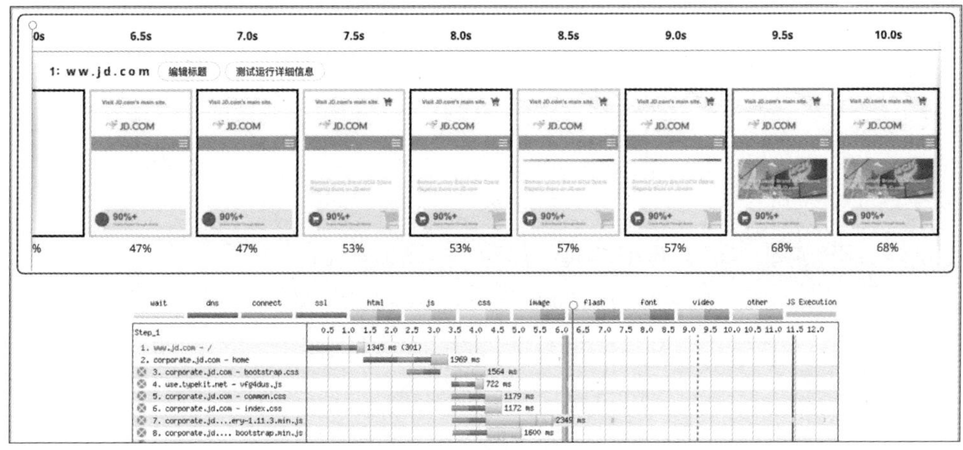

图 2-22　页面性能测试示例

（2）代码规范

通过对代码进行封装、打包和调用操作，保证代码的规范性。

（3）插件使用

例如，百度站长平台为织梦网、WordPress 平台、discuz 论坛等提供插件和快捷功能。

（4）公共属性优化

每个页面都要遵守的属性规范均被称为公共属性，即便只更改一处公共属性，整个网站也会受到影响，所以要对公共属性进行合理优化，更改公共属性时也需十分谨慎。

（5）页面抬头

meta 标签可以配合 Sitemap 文件使用，以确保页面的完整性和系统性。meta 标签的详细内容如表 2-12 所示。

表 2-12　meta 标签的详细内容

属性	值	描述
http-equiv	content-type	内容类型
	expires	缓存的失效日期
	refresh	刷新频率
	set-cookie	设置 Cookie 响应头
name	author	作者
	description	描述
	keywords	关键词
	revised	页面修改时间

（6）资质

网页的资质是否完整是衡量一个网页内容质量的重要依据，应在网页底部提供资质查询入口。网页资质查询入口示例如图 2-23 所示。

图 2-23　网页资质查询入口示例

（7）安全与隐私

安全提示是提升用户体验的重要组成部分之一，需要进行合理优化。若需要使用用户的隐私信息，则应向用户发出请求并需得到用户的响应，如图 2-24 所示。

> ⓘ 我们使用可选的 Cookie，通过社交媒体连接等方式改善你在我们网站上的体验，并且根据你的在线活动投放个性化的广告。如果你拒绝可选 Cookie，则我们将仅使用为你提供服务所必须的 Cookie。你可以单击页面底部的"管理 Cookie"更改你的选择。隐私声明 第三方 Cookie

图 2-24　发出使用用户隐私信息的请求

4. 关键词选词逻辑优化

应从用户、企业（产品或品牌）、场景（平台）等角度和立场出发，选择合理的关键词。下面介绍几种常用的关键词选词逻辑。

（1）以平台为主的关键词选词逻辑

下面以某个母婴产品为例，展示以平台为主的关键词选词逻辑，即围绕用户对母婴产品的关注点，如奶源地、配方功效、营养元素等，借助搜索平台（百度、搜狗、神马等）的关键词工具提取大量关键词，将关键词分类，如通用词、品牌词、竞品词等，并在此基础上拓词，根据词汇的平台检索量由高到低依次排列，分析用户需求的优先级，确定自己需要的关键词。以平台为主的关键词选词逻辑示例如图 2-25 所示。

图 2-25　以平台为主的关键词选词逻辑示例

（2）优化分级的关键词选词逻辑

为了应对用户的搜索需求变化，各平台的品牌传播内容应各有侧重。根据极光调研数据显示，网民在各平台都有搜索。其中，搜索平台作为综合搜索信息提供平台，触达目标用户时更加精准、快速，因此，需要重点优化。用户对各平台的内容需求不同，建议进行优化分级：重点优化平台内用户的关注点，品牌内容占位应随搜随有。例如，短视频平台与社交平台多为 UGC 内容，如果客户既看重品牌覆盖率，又想精准触达用户，则必须根据用户对各个平台的需求进行关键词优化分级。优化分级的关键词选词逻辑示例如图 2-26 所示。

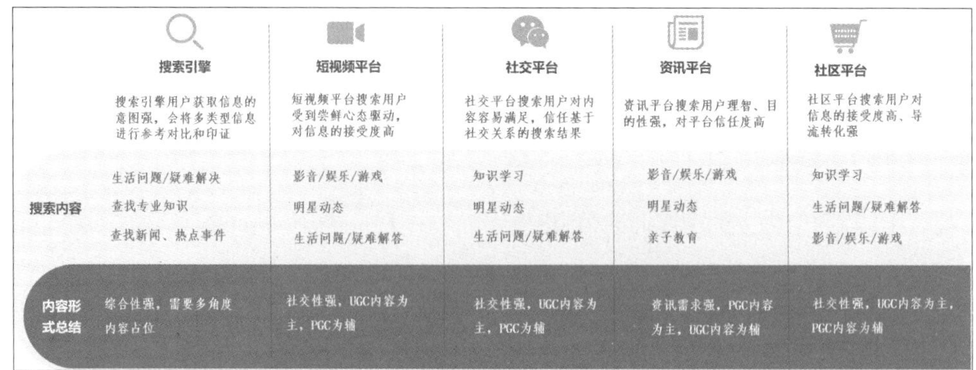

图 2-26　优化分级的关键词选词逻辑示例

（3）提高搜索权重的关键词选词逻辑

在内容型平台上，“随看随搜”（随时查看随时搜索）已经成为用户习惯。在对各平台的搜索情况进行分析后，可根据用户的搜索行为选择关键词。

例如，根据某类用户的搜索行为，可得出这类用户在各平台的搜索使用情况，如图 2-27 所示。

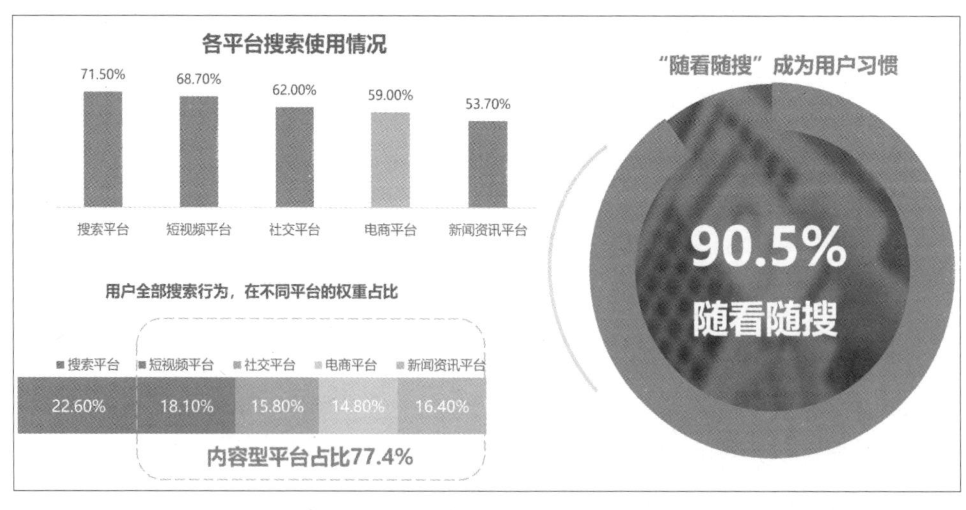

图 2-27　用户在各平台的搜索使用情况

（4）内容细化的关键词选词逻辑

内容细化的关键词选词逻辑以满足用户的内容需求为目的，并结合平台特征进行精细化营销。以母婴行业用户的内容需求为例，将满足内容需求的搜索渠道分为两类：综合搜索类（百度、今日头条、微信等）和站内垂直搜索类（小红书、知乎、微博、短视频等）。之后，内容需求又被进一步细分为用户搜索需求、垂直信息获取需求、泛社交内容需求等三类，并以此优化选词逻辑，如图 2-28 所示。

图 2-28　优化选词逻辑

（5）基于个性化搜索的关键词选词逻辑

目前，很多头部平台都有意实现个性化搜索功能，即通过平台的智能化来消除信息差，从而满足更多用户的需求。区别于传统搜索中的网页检索，根据用户需求的不同，如今媒体呈现的内容可谓是千人千面，产生搜索人格化的新趋势。基于个性化搜索的关键词选词逻辑如图 2-29 所示。

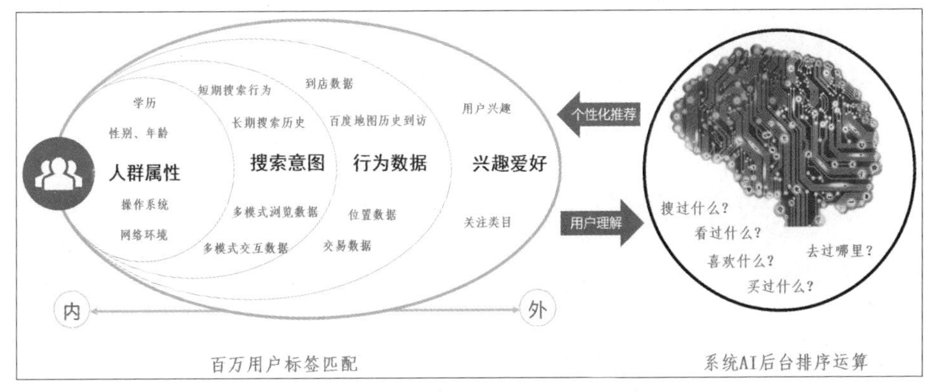

图 2-29　基于个性化搜索的关键词选词逻辑

基于个性化搜索的算法可为用户打上标签，如人群属性、搜索意图、行为数据、兴趣爱好等标签，需要向哪些用户传递信息，就可将用户对应的标签作为关键词。

（6）基于用户检索习惯的关键词选词逻辑

基于用户的检索习惯可进行关键词词库的搭建，搭建方法如图 2-30 所示。以某一品牌为例，首先甄选品牌需要实现强占位的品牌词，然后甄选产品关键词，最后筛选目标人群检索量最高的通用词。

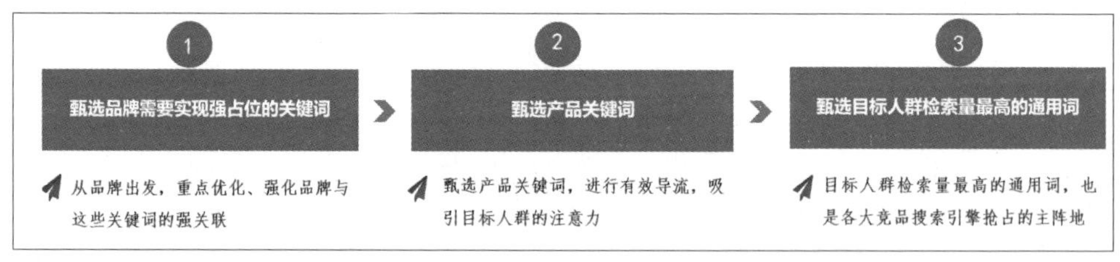

1
甄选品牌需要实现强占位的关键词
从品牌出发，重点优化、强化品牌与这些关键词的强关联
2
甄选产品关键词
甄选产品关键词，进行有效导流，吸引目标人群的注意力
3
甄选目标人群检索量最高的通用词
目标人群检索量最高的通用词，也是各大竞品搜索引擎抢占的主阵地

图 2-30　基于用户检索习惯的关键词选词逻辑

（7）关键词挖掘

关键词可根据长尾词、相关词、下拉词和需求词，以及借助关键词挖掘工具来挖掘。

5. 服务器配置优化

若网站想使用服务器，则可选择购买或租用服务器。服务器的配置虽然十分重要，但优化空间有限，建议选择质量好、稳定性高的服务器运营商。

 2.3　收录和索引优化

在了解收录之前，需要先明确收录和索引的概念。这两个概念既相互独立，又有一定的关系：网站的收录量大于索引量。注意，本书提到的收录查询方法其

实是索引查询方法。

在百度上之所以能找到很多网页，是因为这些网页被百度提前收录了。如果一个网页想要被索引，则这个网页必须被提前收录。

索引是一个网页获取排名的前提，可理解为得到了排名资格。如果一个网页想要获得排名资格，则必须首先被索引。

如何判断收录质量的好坏呢？由于网站的网页数量是不固定的，因此依据收录数量评价网站的收录质量是不客观的，还需要查看网站的收录率。例如，如果 A 网站一共有 1000 个网页，其中 700 个网页被搜索引擎成功收录，则 A 网站的收录率为 70%；如果 B 网站一共有 10000 个网页，其中 6000 个网页被搜索引擎成功收录，则 B 网站的收录率为 60%。即使 B 网站的收录数量较多，A 网站的收录率也要高于 B 网站。

2.3.1 实战：收录查询

从形式上看，收录查询可分为 PC 端收录查询、移动端收录查询、地域收录查询、页面类型收录查询。为了更好地了解收录查询，需要先了解以下专业术语。

- 顶级域名：格式为 abc.com 的域名。
- 主域名：格式为 www.abc.com 的域名。
- 二级域名：格式为 123.abc.com 的域名。
- 自适应网页：能与用户进行交互的网页。
- 跳转适配：程序在检测用户所使用的设备后，判断使用 HTTP 或 Vary HTTP 标头，重定向至 PC 端或移动端页面。
- 代码适配：虽然无论是 PC 端还是移动端，网站的 URL 都是相同的，但网站的代码是相互独立的。服务器会对用户所用的设备进行分析，针对不同类型的设备，生成不同 HTML 格式的文件。

注意

在选择域名时，建议优先选择“.com”和“.cn”。不常见的域名有风险，如“.top”“.win”“ .co ”“.bid”“.pw”等，其注册成本较低，常被站群作弊者使用。若使用该域名，可能会出现收录延迟等问题。

在了解了专业术语后，请看下面的问题与解答。

问题 1：如何查询网页在 PC 端的收录情况？

回答 1：可通过语法 site:www.abc.com 或爱站网查询。

问题 2：如何查询网页在一年前或多年前的收录数量？

回答 2：可通过站长之家查询。

问题 3：如何查询网页在移动端的收录情况？

回答 3：可通过语法 site:www.abc.com 或爱站网查询。

问题 4：如何查询指定网页的收录情况，如详情页、品牌页、列表页、筛选页和新闻页的收录情况？

回答 4：可通过语法 site:www.jd.com inurl:/pinpai/ 查询。

问题 5：如何查询指定网页（如随机给出 100 个网址）的收录情况？

回答 5：可通过 Link113 站长工具或奏鸣网查询。

某电商网站的网页收录数据示例如图 2-31 所示，包括 PC 端的详情页和 UGC 页（评论页，可放置更多的长尾词）的收录数据。

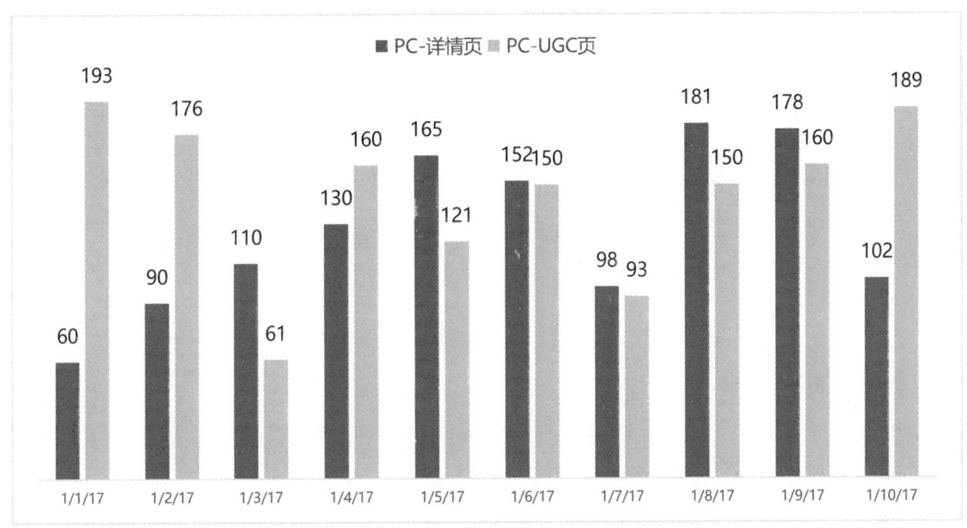

图 2-31 某电商网站的网页收录数据示例（单位：个）

该电商网站的页面收录数量、关键词数量排名示例如图 2-32 所示，展示了 PC 端的详情页和 UGC 页中排名在前 3 页的关键词数量。

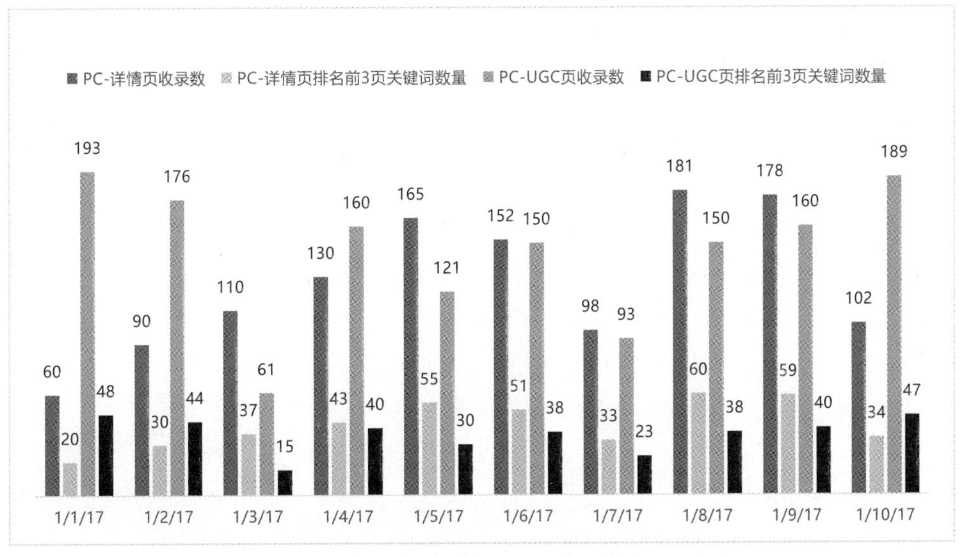

图 2-32 该电商网站的页面收录数量、关键词数量排名示例（单位：个）

2.3.2 实战：收录问题诊断

1. 收录数量诊断

部分 SEO 的从业者把收录数量作为考核收录工作的标准。这种考核标准过于简单，不利于发现网页的更多问题。建议进行收录细分检测，只有这样，才能准确判断收录工作的效果，可及时发现，并改正问题。

2. 收录质量诊断

收录质量是一个比较模糊的概念，也是容易被很多人忽略的一点。评估收录质量时，应从收录的数量、收录的速度、收录率、收录端点和收录的搜索引擎等方面进行综合评估，了解影响网页排名的因素，分析网页存在的问题。

3. 问题预测

在收录时可能会出现以下问题：不收录核心页面、收录数量不增长、搜索引擎只收录某个目录下的网页等。这些问题的发生其实是可以预测的，可以通过查阅和分析网站访问日志，尽早预测问题。

2.3.3 实战：收录下降的解决方法

若一个页面的收录数量有所下降，则可预先定义收录的范围和页面类型。百度平台在 PC 端对不同类型页面的收录情况如表 2-13 所示。

表 2-13 百度平台在 PC 端对不同类型页面的收录情况

平台	端点	序号	页面类型	URL 规则	收录数量（单位：个）			
					2020/9/1	2020/9/2	2020/9/3	2020/9/4
百度	PC	1	详情页面	/product/	5000	5100	5253	5411
		2	评论页面	/review/	1000	1020	1051	1082
		3	资讯页面	/news/	7500	7650	7880	8116

（续）

平台	端点	序号	页面类型	URL 规则	收录数量（单位：个）			
					2020/9/1	2020/9/2	2020/9/3	2020/9/4
百度	PC	4	直播页面	/video/	4500	4590	4728	4870
		5	活动页面	/hd/	9000	9180	9455	9739
		6	专题页面	/zt/	3500	3570	3677	3500
		7	标签页面	/tag/	2700	2754	2000	2060

解决思路：对收录数量下降的页面进行分析，确认收录数量下降的范围和时间。分析数据后，根据分析结果得出结果分析表，其中包含页面类型、下降前的收录数量、下降后的收录数量、下降比例、下降原因、解决方法、恢复时间、执行人和预计执行周期等，便于指导后续的优化工作，结果分析表如表 2-14 所示。

注意

为了提升网页收录结果，需要针对网页内部链接进行结构性优化。在网页内部链接结构性优化后，搜索引擎会对网页做出重要评级。评级越高，该网页就能更快地被收录。

表 2-14 结果分析表

编号	页面类型	下降前的收录数量	下降后的收录数量	下降比例	下降原因	解决方法	恢复时间	执行人	预计执行周期
1									
2									
3									
4									
5									
6									
7									

下面介绍收录数量下降的解决步骤。

☞ **步骤 1**：找到收录检测文档，查询收录历史记录，确认收录数量下降的页面类型和时间段，逐一分析收录数量下降的页面。如果没有收录历史记录，则可使用站长之家进行查询。

☞ **步骤 2**：检测页面是否进行过违规优化操作。例如，收录数量下降最多的是 PC 端的详情页面，在一个月之内，该页面的收录数量每日都在下降，此时需要检测该页面是否进行过违规优化操作。分析该页面的整体特征，如变更了评论版块的加载方式，导致爬虫无法抓取此版块的内容（评论可以增加页面的原创度，因此评论版块在整个页面中非常重要）。若爬虫无法抓取评论版块的内容，则详情页面的收录数量自然就下降了。

☞ **步骤 3**：分析页面是否有改动，导致丢失了原先存在的元素，如 h1 标签。有时产品经理对页面的改动，会使 SEO 效果大打折扣，此时需要分析这些改动是否符合 SEO 的规则。

☞ **步骤 4**：检查页面的入口位置是否改变，这些改变可能会影响收录效果。

☞ **步骤 5**：检查内部链接是否持续减少或链接是否有错误，最简单的方法就是和之前的记录进行对比。如果没有保存之前的记录，则只能逐项排查。

☞ **步骤 6**：分析页面是否长期处于零更新状态。网站中的页面需要进行持续的更新和维护，如果长时间没有更新，则搜索引擎会认为该页面为死亡页面，已收录的页面也会被搜索引擎剔除。

☞ **步骤 7**：分析页面的加载速度是否降低。页面的加载速度是一个非常重要的信号。在初始化某个模块时，或页面进行跳转时，页面的负荷能力有限，会导致页面的加载速度降低。还有一种降低页面加载速度的情况，例如小型电商网站通常将详情页面放在 /item/ 目录下，当网站的规模扩大时，为了便于管理，会将详情页面放在二级域名 item.abc.com 下，原来的 /item/ 目录统一跳转至二级域名 item.abc.com。由于此时的跳转和执行需要加载时间，因此页面的加载速度会降低。

☞ **步骤 8：** 检查页面是否存在死链。首先使用“老虎 Sitemap”制作工具抓取所有详情页面的 URL，或让开发人员从后台下载所有详情页面的 URL，然后使用 Xenu 工具或 HTTP 状态码查询工具，判断页面是否存在死链。如果页面存在死链，则需要立即优化。

☞ **步骤 9：** 分析页面是否被屏蔽。robots.txt 文件和 meta 标签均有屏蔽功能，屏蔽内容和屏蔽方法如表 2-15 所示。

表 2-15　屏蔽内容和屏蔽方法

<table>
<tr><th>编号</th><th>项目</th><th>屏蔽内容</th><th>屏蔽方法</th></tr>
<tr><td>1</td><td rowspan="2">robots.txt</td><td>屏蔽整个目录</td><td>disallow：/item/</td></tr>
<tr><td>2</td><td>屏蔽目录中的某组页面</td><td>disallow：/item/iphone*.html$
（屏蔽 item 目录下所有以 iphone 开头、以“.html”结尾的详情页面）</td></tr>
<tr><td>3</td><td>meta 标签</td><td>不让搜索引擎抓取页面上的内容和链接</td><td><meta name="robots" content="all|none|index|noindex|follow|nofollow">。其中，content 的值推荐使用 all、index 或 follow</td></tr>
</table>

☞ **步骤 10：** 检查页面是否增加了 nofollow 标签和 iframe 框架。nofollow 标签会导致链接无法被抓取。iframe 框架也不利于搜索引擎对链接进行索引和爬行。此时可使用 JS 语言进行编码，并输出 iframe 的内容。

通过以上步骤逐一排查后，即可解决收录下降的问题。

2.3.4　实战：收录不增长的解决方法

☞ **步骤 1：** 设置收录的时间和范围。

☞ **步骤 2：** 查询历史收录增长率。

☞ **步骤 3：** 检测网站访问日志是否出现问题，可使用光年日志分析工具和亮析网站日志分析工具查询。

☞ **步骤4:** 查询蜘蛛爬行次数最多的目录。例如，虽然蜘蛛爬行A目录的次数最多，但由于爬行深度不够，在爬行A目录后，蜘蛛又爬行了F目录，此时就需要分析目录A和目录F的适配关系。

☞ **步骤5:** 查找收录不增长的原因。例如，当蜘蛛的爬行次数与嗅探轨迹出现问题、网页没有蜘蛛的爬行痕迹、蜘蛛的爬行次数过少时，即为内容链接序列出现了问题。

☞ **步骤6:** 制定计划，修复问题。

☞ **步骤7:** 无论哪种情况，网站应始终保持高质量的内容更新。

☞ **步骤8:** 使用如下方法提交网页。

- 自动推送代码:每次页面被浏览时,链接均会被自动推送给百度搜索引擎。
- 主动推送代码:站点当天新创建的链接需要立即推送给百度搜索引擎。
- 通知搜索引擎进行访问，语法为 <meta name="revisit-after" content="1 days" >。
- 手动提交链接。
- 使用 robots.txt 文件，为重要的页面增加 allow 入口提示。

通过以上步骤逐一排查后，即可解决收录不增长的问题。

2.3.5　实战：收录时错误展示信息的解决方法

在收录时，经常在图标、title、description 和图片等位置出现错误。收录时常出现错误的位置如图 2-33 所示。

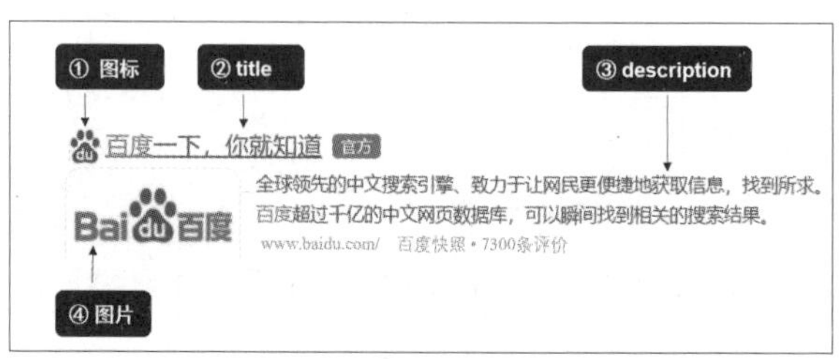

图 2-33　收录时常出现错误的位置

下面分别介绍这几种错误及其解决方法。

1. 图标展示错误

由于代码不规范、图标格式错误、图标大小不合适、命名错误、存放路径错误等原因，会导致收录后的图标显示在 title 的前方。在正常情况下，收录后的图标不会显示在 title 的前方，如图 2-34 所示。图标出现在错误的位置，如图 2-35 所示。

图 2-34 收录后的图标不会显示在 title 的前方

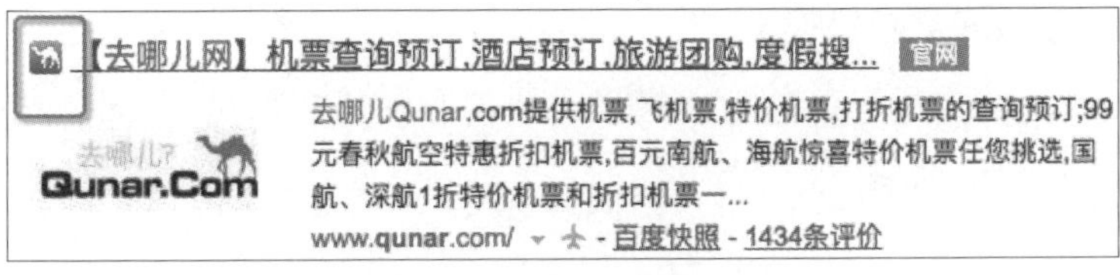

图 2-35 图标出现在错误的位置

解决方法：在 head 标签中检查下面的代码是否规范：

```
<link rel="shortcut icon" href="/UPLOAD/favicon.ico" mce_href="/UPLOAD/favicon.ico" type="image/x-icon" />
```

其中，图标必须命名为 favicon.ico，大小为 16*16 像素。

2. title 展示错误

title 出现错误的情况有如下几种。

◆ 第一种：展示的 title 不是想要的。
◆ 第二种：在后台修改 title 后，搜索引擎没有显示图标。
◆ 第三种：title 莫名其妙地被篡改，甚至整个网站显示的 title 都一样。
◆ 第四种：在本该显示 title 的位置，随机显示了网页中的一段文字。

解决方法：

◆ 第一种错误的解决方法是在网站后台修改 title（修改前一定要备份）。修改 title 后，单击“生成”按钮，提交给搜索引擎，等待更新即可。
◆ 第二种错误的解决方法是检查代码是否错误。
◆ 第三种错误的解决方法是立即复原网站，并修改网站 FTP 系统的用户名、密码、端口和地址等信息，以防网站被病毒入侵。
◆ 第四种错误的解决方法是在网站后台为页面撰写专门的 title 内容。

3. description 展示错误

description 的错误一般分为内容显示错误和随机抓取错误。description 展示错误示例如图 2-36 所示。

图 2-36　description 展示错误示例

解决方法：检查 description 处的代码是否规范，即 description 的内容不能为空，最多可显示 75 个汉字，并且内容必须为原创。

4. 图片展示错误

图片展示错误，一般是由于图片的大小、位置、格式、原创度、命名、存放路径等出现错误导致的。

解决方法：检查图片是否达到如下要求。

- 确保缩放到 121*75 像素时，图片依然清晰可见。
- 图片格式的优先顺序为 JPG、JPEG、PNG、GIF。
- 在命名图片时，使用有意义的英文单词或中文拼音缩写。
- 图片需要原创。
- 存放图片的路径尽可能简短。

除以上错误外，还有可能出现网址展示错误。网址展示错误主要是因为搜索引擎在建立索引时，出现了键与值不匹配的情况，以及因频繁修改、跳转该网站的 URL 导致的。解决方法：检查是否存在键与值不匹配的情况。如果不存在上述情况，则可进行申诉。

2.3.6 实战：收录 PC 端页面、不收录移动端页面的解决方法

这个问题比较复杂，不同类型的网站，解决思路也不同。这里主要介绍在非自适应网站下的解决步骤。

- **步骤 1**：查询收录记录，总结不被收录的页面类型。
- **步骤 2**：查询页面是否进行过非法优化。
- **步骤 3**：查询页面是否缺乏基础的 SEO 公共元素。
- **步骤 4**：查询页面的内部链接是否能顺利打开。
- **步骤 5**：查询页面是否被屏蔽。
- **步骤 6**：查询页面的适配性。PC 端页面应明确指出对应的移动端页面。
- **步骤 7**：提交 PC 端页面与移动端页面的对应关系。
- **步骤 8**：检查页面的相似度是否过高。

☞ **步骤 9:** 检查页面是否已经死亡。

☞ **步骤 10:** 检查页面在网站的公共区域是否有入口位。

☞ **步骤 11:** 检查提交网页的方法是否为自动推送代码或主动推送代码。

通过以上步骤逐一排查后，即可解决收录 PC 端页面、不收录移动端页面的问题。

2.3.7 实战：新网站长时间不被收录的解决方法

如果新网站在两周内没有被收录，则属于正常情况。若新网站长时间不被收录，则属于不正常情况。新网站的收录需要满足很多条件，例如合理设置服务器、页面内容、页面大小、访问速度、SEO 基础元素、自动或主动推送等。新网站长时间不被收录的解决步骤如下。

☞ **步骤 1:** 进行数据备份。

☞ **步骤 2:** 确认服务器设置无误。

☞ **步骤 3:** 确认没有屏蔽蜘蛛。

☞ **步骤 4:** 确认页面的 SEO 公共元素添加无误。

☞ **步骤 5:** 确保满足以下条件。

◆ 主域名 URL 唯一，URL 的指向正确。

◆ HTML 格式的代码完整。

◆ 不存在死链接、循环死链接。

◆ 页面内容为原创内容。

◆ 页面被推荐。

☞ **步骤 6:** 更新内容时，不能只更新首页中被调取的版块，也要更新每个栏目的首页和列表页，并设置固定的更新频率。

☞ **步骤 7:** 正确添加主动推送代码或自动推送代码。

- 步骤 8：添加 etag 标签。
- 步骤 9：添加 meta 标签，语法为 <meta name="revisit-after" content="7 days" >。
- 步骤 10：设置蜘蛛诱饵。
- 步骤 11：查询网站访问日志，主要查询蜘蛛判断和分析过的页面是否已加入索引库。如果已经加入索引库，则可在这些页面中，为其他重要的入口页面添加内部链接。
- 步骤 12：检查外链的质量度和流行度。
- 步骤 13：检查网站是否符合站长平台的收录政策。
- 步骤 14：重新提交、推送网站。
- 步骤 15：若部分网页不被收录，则进行申诉。

通过以上步骤逐一排查后，即可解决新网站长时间不被收录的问题。

2.3.8 实战：只收录网站首页、不收录其他页面的解决方法

在进行网站优化时，可能出现只收录网站首页、不收录其他页面的情况。这种情况一般是因为内部链接无法使用、页面质量低下、页面相似度高造成的，解决步骤如下。

- 步骤 1：检查服务器的稳定性。
- 步骤 2：在 robots.txt 文件中添加 Sitemap 入口。
- 步骤 3：更新 Sitemap 文件。
- 步骤 4：每天更新网页内容。
- 步骤 5：检测内容的原创度，去除相似度较高的页面或内容。
- 步骤 6：检测内容的质量，包括内容的权威性、浏览体验和时效性。

通过以上步骤逐一排查后，即可解决只收录网站首页、不收录其他页面的问题。

2.3.9 实战：只收录其他页面、不收录网站首页的解决方法

只收录其他页面、不收录网站首页的常见原因有如下几种。

- 数据丢包。
- 指向首页的垃圾链接和不明链接较多。
- 过度优化。
- 页面临时改版或访问效率下降。
- 网站首页不符合站长平台的政策要求。

在逐一排除以上情况后，大概率可解决只收录其他页面、不收录网站首页的问题。若仍未解决，则可进行申诉。

2.4 排名资格（网页质量）优化

排名资格与网页质量密不可分：网页质量越高，越容易获得较高的排名。网页质量是由内容质量、内容权威性、浏览体验和时效性等因素决定的。一个高质量的网页应满足如下要求。

- 内容质量：有干货，能解决用户问题，内容有论点，论据充足。
- 内容权威性：发布内容的账号经过专业认证，内容出处明确。
- 浏览体验：体验流畅度高，获取内容的难度低，字体、字号、间距均可调整。
- 时效性：创建、发布、更新内容的频率较高。

按照以上要求优化网页，即可提高网页排名。

注意

搜索引擎提倡的内容权威性包括如下要点。

- 作用：为用户提供可信赖的权威结果，能够提高用户的信任度，用户可获得专业、可靠的信息。
- 评估对象：内容背后的主体，而非内容本身。
- 评估标准：网站的资质有证可查，网站经过备案，作者经过认证，发布的内容领域相对专一，内容保持一定的更新频率。
- 官方结果：在某个搜索需求下的唯一指向结果，拥有页面信息的唯一解释权。

2.5 算法优化

自 2012 年开始出现了很多 SEO 算法。之后，常见的 SEO 算法得到不断调整或升级，如表 2-16 所示。SEO 从业者在优化页面时，应注意这些算法的调整或升级说明。

表 2-16 调整或升级算法

编号	算法	时间	说明
1	清风算法 4.0	2021/9/2	限制展示不符合规范的低质下载站
2	烽火算法 2.0 升级	2021/8/19	打击回退按钮失效的行为
3	蓝天算法 2.0	2021/7/27	打击网站发布低质、虚假等与网站主题无关内容的行为
4	惊雷算法 3.0	2021/1/12	严厉打击通过伪造用户行为来提升网站搜索排名的作弊行为
5	冰桶算法 5.0 升级	2020/6/24	限制搜索、展现存在问题的网站或智能小程序

（续）

编号	算法	时间	说明
6	劲风算法	2020/2/27	减小恶意构造聚合页等行为对搜索用户造成的影响
7	细雨算法 2.0 升级	2019/11/7	打击伤害搜索用户体验的违规低质内容
8	烽火算法 2.0 升级	2019/8/8	打击跨领域采集问题和站群问题，保证搜索的公正性和搜索用户的搜索安全
9	飓风算法 3.0	2019/8/8	打击跨领域采集问题和站群问题
10	信风算法	2019/5/22	严厉打击翻页诱导行为
11	烽火算法 2.0 升级	2019/3/14	持续打击网络劫持问题
12	冰桶算法 5.0	2018/11/12	保障搜索用户体验
13	清风算法 3.0	2018/10/16	规范下载行业生态，对下载网站的标题作弊、欺骗下载、捆绑下载等问题进行全面审查
14	飓风算法 2.0	2018/9/13	严厉打击恶劣采集行为
15	细雨算法	2018/6/28	保证搜索用户体验，促进供求黄页类 B2B 站点得以健康发展
16	季风算法	2018/6/7	重点打击违反熊掌号专注度要求的熊掌号
17	极光算法	2018/5/31	倡导重视落地页的时间规范
18	惊雷算法 2.0	2018/5/23	打击恶意制造作弊超链和刷点击提升排名的作弊行为
19	烽火算法 2.0	2018/5/17	严厉打击恶意劫持行为
20	清风算法 2.0	2018/4/19	严厉打击欺骗下载的行为
21	惊雷算法	2017/11/20	打击通过刷点击提升排名的作弊行为
22	闪电算法	2017/10/19	提升移动网站的刷新速度
23	清风算法	2017/9/14	严惩页面标题的作弊行为
24	飓风算法	2017/7/4	严厉打击恶劣采集用户信息的行为
25	蓝天算法	2016/11/21	严厉打击新闻源售卖软文、目录的行为
26	冰桶算法 4.5	2016/10/26	打击广告过多、影响用户体验的移动端页面

（续）

编号	算法	时间	说明
27	冰桶算法 4.0	2016/9/27	打击发布恶劣诱导类广告的页面
28	天网算法	2016/8/10	打击盗取用户隐私的网站
29	冰桶算法 3.0	2016/7/7	打击打断用户完整搜索路径的行为
30	白杨算法	2014/12/4	扶持地方特色类网站
31	冰桶算法 2.0	2014/11/18	禁止移动端页面广告遮挡主体内容，打击强制用户登录的行为
32	冰桶算法 1.0	2014/8/22	打击影响用户体验的移动端页面
33	火星计划	2013/10/23	支持原创，提升原创内容的排名
34	绿箩算法 2.0	2013/7/1	打击软文作弊平台
35	石榴算法	2013/5/17	打击低质内容页面
36	绿箩算法	2013/2/19	打击买卖链接的行为
37	超链算法	2012/1/1	百度搜索引擎开始具有算法思想

2.6 内容升级优化

内容升级优化包括内容格式化和内容视频化。

- 内容格式化：站点子链、站点属性、专业问答、落地页视频转存、视频极速服务、热议资源等位置拥有较多的流量和展现机会，按照官方要求提供对应的内容即可。
- 内容视频化：时效性更强、针对性更强的视频内容能够更大程度地满足用户的检索需求，同时也能获取更多的流量和占位机会。视频的制作要求如表 2-17 所示。

表 2-17 视频的制作要求

编号	项目	制作要求
1	关键词	确认核心关键词
2	标题	不超过 24 个汉字
3	封面	展示视频的核心镜头、主题、关键词
4	字幕	视频配备字幕
5	时长	不超过 3 分钟
6	说明	不超过 200 个汉字，说明视频的主要内容，至少出现一次关键词
7	尺寸	横版视频的尺寸不低于 480*360 像素，竖版视频的尺寸不低于 750*1334 像素
8	数据	完播率、复播率越高越好
9	互动	评论数、收藏数、转发数、分享数和追评数越多越好

2.7 站外链接优化

站外链接优化是 SEO 中不可或缺的环节。站外链接可衡量一个页面的受欢迎程度，越受欢迎的页面越容易获得流量和占位机会。站外链接根据内容可分为外部链接（外链）和友情链接（友链），根据形式可分为单向链接和反向链接，根据操作可分为交叉链接、目录链接、引荐链接、轮链等，如图 2-37 所示。

需要说明的是，常见的友情链接容易出现没有回链、没有实施屏蔽、权重流失严重等问题。为此，可屏蔽未回链的友情链接，也可剔除不合格的友情链接。

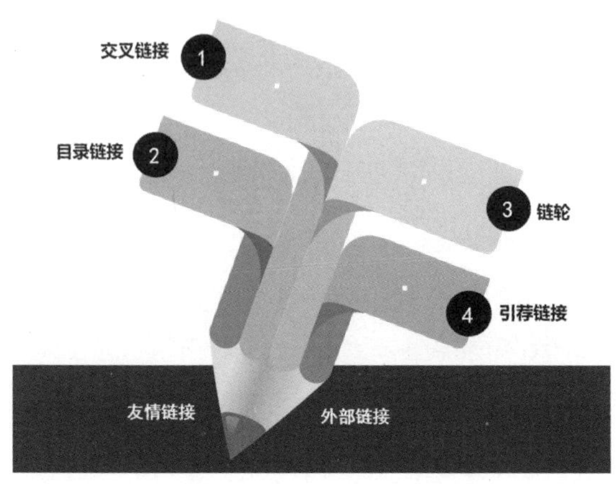

图 2-37 站外链接根据操作分类

若想进行站外链接优化，还需要了解站外链接的重要组成因素：主域名、锚文本、锚链接、相关度、质量度、移动端，如图 2-38 所示。

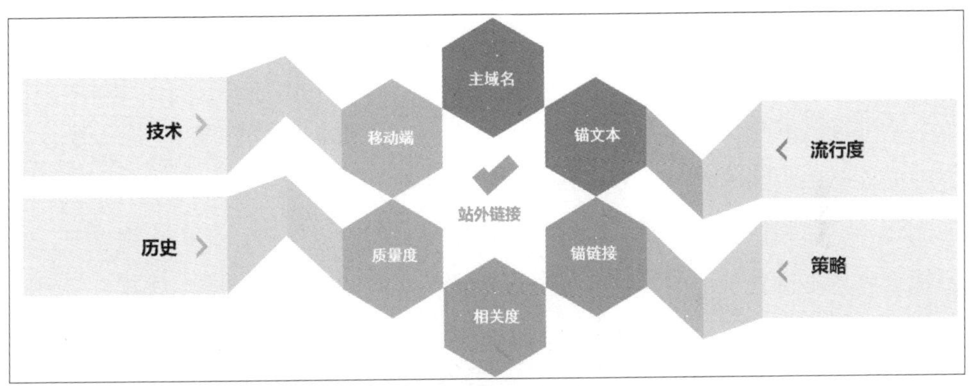

图 2-38 站外链接的重要组成因素

下面主要对站外链接的重要组成因素——锚文本、锚链接、相关度、质量度加以说明。

1. 锚文本

由于锚文本可提升关键词的排名，因此锚文本最好包含关键词，且锚文本的内容需要与落地页 TDK 的内容相似。在使用锚文本时，经常出现如下问题。

- 蜘蛛在校验相似度高的锚文本时较为困难。
- 通过落地页外链读取的内容无法被百度识别和信任。

锚文本的优化方法包括变化锚文本的形式、锚文本与落地页 TDK 进行适配、将锚文本改为纯文本等。

2. 锚链接

锚链接用于提升关键词的排名，可与锚文本搭配使用。需要注意，锚链接的 URL 需要统一。如果 URL 不统一，则会浪费外链资源，无法发挥外链的作用。为了避免出现 URL 不统一的问题，可使用如下方法进行优化。

◆ 使用绝对地址和静态地址。

◆ 一个落地页有且只有一个锚链接。

◆ 将不合格的锚链接使用 301 重定向至合格的锚链接。

3. 相关度

站外链接的相关度用于确保外链和页面的自身业务是行业的上下游关系，或者确保外链和页面的自身业务存在一定的相关性。关于相关度的判断，一般从行业上游、产品相似性与行业下游等三个层面进行判断。同时，在实际执行中，需要特别注意不符合规范的外链，如与行业上游无关、产品网站群不规范、相关度较小的外链等。

4. 质量度

若想具有较高的外链质量度，则需要检查外链是否能够正常访问、是否存在恶意跳转等情况。检查外链质量度主要检查三个方面：是否存在死链、302 跳转是否可以传递权重、关键词是否有排名。处理方式有 2 种：进行 301 跳转、直接剔除死链。

除此以外，在优化站外链接时，还需要针对具体情况进行操作。例如，历史外链与新增外链的优化方式就有所不同，如表 2-18 所示。

表 2-18　历史外链与新增外链的优化方式

历史外链的优化方式	新增外链的优化方式
外链清洗	质量优先
外链校验	相关度优先
外链申诉	外链校验
外链修改	建立外链数据仓
垃圾外链下线处理	外链流行度优化
锚文本调整	外链类型优化
锚链接优化	

2.8 小程序优化

在注册、认证、创建、开发、审核、发布百度小程序后，即可使用百度小程序（以下简称为小程序）。目前，小程序的使用非常广泛，并且百度给予了小程序非常多的流量支持和入口资源位，会在信息流、搜索资源端口、固定入口等位置推荐小程序。百度给予小程序的流量支持示例如图 2-39 所示。出现在信息流位置的小程序示例如图 2-40 所示。出现在搜索资源端口的小程序示例如图 2-41 所示。

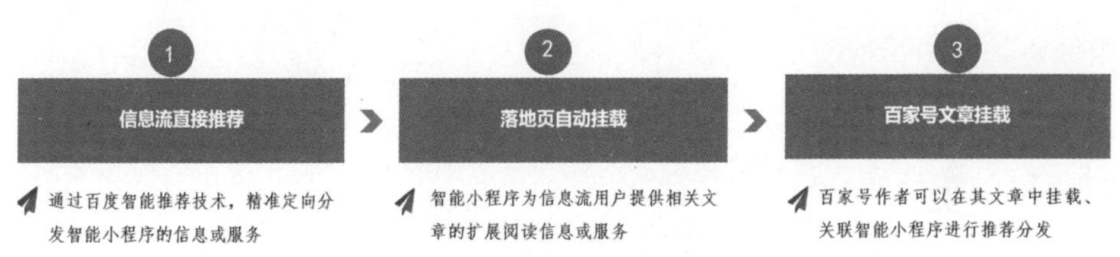

图 2-39　百度给予小程序的流量支持示例

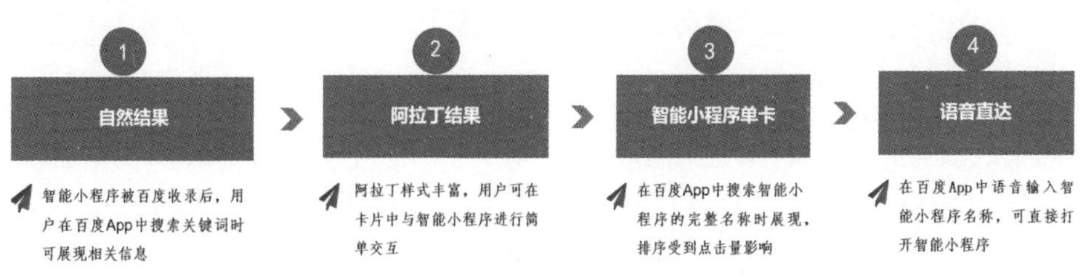

图 2-40　出现在信息流位置的小程序示例

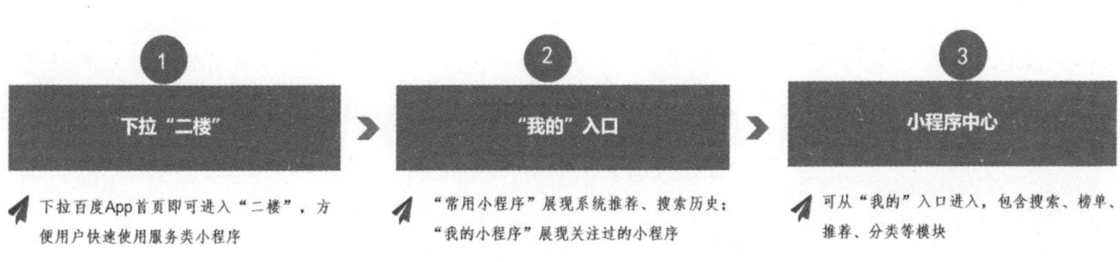

图 2-41　出现在搜索资源端口的小程序示例

2.9 特定卡片和聚合优化

2.9.1 解读：百度特定卡片

百度特定卡片又称百度推荐词（Baidu Suggest Word）、百度联想词或百度下拉菜单。百度从数以亿计的用户搜索词中，分析、提取出搜索量较多的词条，生成推荐词数据库。当用户输入关键词时，百度从推荐词数据库中提取词条，动态生成下拉框、相关搜索、大家还在搜、其他人还在搜、为您推荐等组合，举例如下。

◆ 下拉框：由主词和副词构成，可显示 3~10 个关键词。这些关键词可以使用 5118 大数据网进行深度挖掘。下拉框示例如图 2-42 所示。

图 2-42 下拉框示例

◆ 相关搜索：展示与关键词相关的高频问题描述。高频问题描述主要来源于百度知道、知乎等。相关搜索示例如图 2-43 所示。

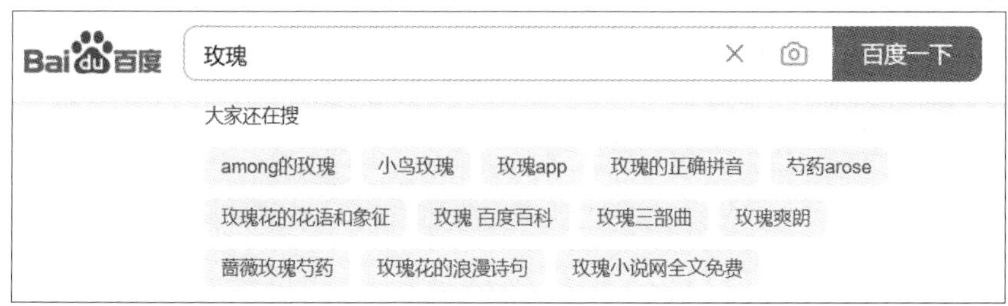

图 2-43 相关搜索示例

将百度特定卡片合理嵌入自然结果，可使用户的搜索体验更佳，内容更丰富。

2.9.2 解读：视频聚合优化

视频聚合内容呈现方式多样，可有效展示内容。

- PC 端的视频聚合示例如图 2-44 所示，主要展示好看视频、优酷视频、微博等平台的视频。

图 2-44 PC 端的视频聚合示例

◆ 移动端的视频聚合示例如图 2-45 所示。一般情况下，入口处的第 2 条、第 7 条和第 8 条的视频会进行滑动显示，可进行优化。这些视频主要来源于好看视频、全民视频、西瓜视频、微博视频、优酷视频、腾讯视频、爱奇艺视频、小红书视频、搜狐视频、百家号视频等。

图 2-45　移动端的视频聚合示例

视频聚合优化的方法有如下几种。

◆ 开通并认证视频内容源媒体。
◆ 按照视频搜索引擎的要求制作视频内容。
◆ 每周更新的视频数量不少于 3 条。

◆ 关键词、标题、封面、字幕、说明、话题、发布时间、互动数据都要满足视频搜索引擎的优化规范。

2.9.3 解读：图片聚合优化

图片聚合可为用户传递更多信息。图片聚合示例如图 2-46 所示。

图 2-46 图片聚合示例

图片聚合优化的规则如下。

◆ 数量：11 张或 12 张。
◆ 格式：JPG（优选）。
◆ 数据：分享次数、点赞次数、下载次数越高越好。
◆ 尺寸：特大尺寸（1500*2200 像素）、大尺寸（1000*1400 像素）、中尺寸（500*600 像素）、小尺寸（200*200 像素）。

在进行以图文形式为主的内容制作和投放时可参考上述规则，同时主动将内容提交给图片蜘蛛。

2.9.4 解读：热议聚合优化

热议聚合示例如图 2-47 所示。

图 2-47 热议聚合示例

热议聚合优化的规则如下。

- 入口精选：包含 2~5 条精选。
- 内容来源：微博、小红书等平台。
- 展示规则：创建、发布、更新的时间越近越好。
- 内容形式：包括视频、图文、真人出镜等。
- 互动数据：包括转发、评论、点赞等数据。

注意

需要注意的是，当账号的权威性高、关键词匹配内容的数量超过 100 条时，就有机会出现在热议聚合中。

2.9.5 解读：贴吧聚合优化

PC 端的贴吧聚合示例如图 2-48 所示。移动端的贴吧聚合示例如图 2-49 所示。

图 2-48 PC 端的贴吧聚合示例

图 2-49　移动端的贴吧聚合示例

贴吧聚合优化的方法如下。

- 维护贴吧：每日进行更新、互动等操作。
- 丰富贴吧的内容形式：可包含图文、视频、专辑等多种形式。
- 提高贴吧内容的质量：增加话题性内容。
- 参与贴吧活动：提升贴吧和帖子的活跃度。

2.9.6　解读：知道聚合优化

知道聚合是指提取关键词泛匹配的问答内容并集中展示，包含的内容包括问题和答案两个方面。PC 端的知道聚合示例如图 2-50 所示。移动端的知道聚合示例如图 2-51 所示。

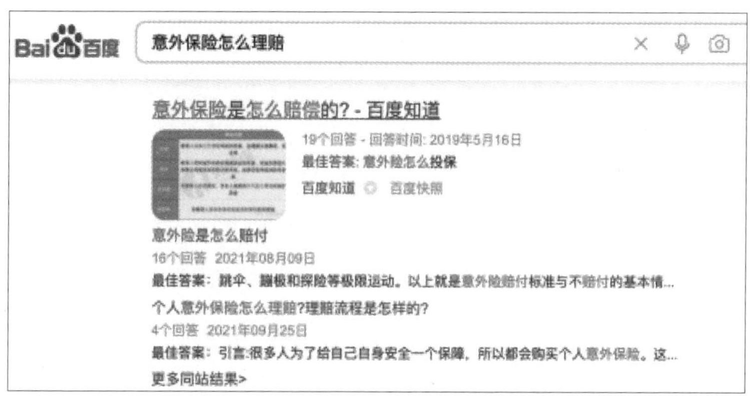

图 2-50　PC 端的知道聚合示例

图 2-51　移动端的知道聚合示例

在进行知道聚合优化时，可从问题优化、答案优化两方面着手。

1. 问题优化

问题包括如下几种类型。

- 知识型提问：若在问题中出现“是什么”“什么是”“为什么”“有哪些”“是吗”“多少”等词语，则可判定为知识型提问。
- 方案型提问：若在问题描述中出现“怎么”“如何”“怎么样”等词语，则可判定为方案型提问。
- 知识型与方案型提问：若综合了以上两种提问方式，则可判定为知识型与方案型提问。

总之，在进行问题优化时，问题的描述必须准确，与此同时，还要补充问题的场景与细节，注意问题的颗粒度。

2. 答案优化

答案包括如下几种类型。

- 知识型答案：直观解释知识点。建议采用举例说明的方式给出答案，可使答案简单明了，便于理解。
- 方案型答案：提供一种或多种解决方案，并附上注意事项，实用性更强。
- 综合型答案：根据问题，提供详细、可行的回答，是知识型答案与方案型答案的结合。

在进行答案优化时，可加入图片、视频、专业术语等内容，并进行排版，答案应主题明确、无错别字、语句通顺、需要分段，建议不少于150个汉字。

第3章

SEO 常用算法与实战解读

若想通过 SEO 解决实际问题，需要先了解常用的 SEO 算法。本章将主要介绍百度平台常用的 SEO 算法，并通过实战案例对 SEO 的常见问题进行解答。

3.1 百度平台常用算法解读

百度平台发布“百度搜索算法规范详解”，从用户的搜索体验和搜索公平性入手，根据页面内容质量、用户需求满足度、用户体验友好度、搜索公正及用户安全等因素，将百度搜索算法分为 4 个维度。开发者可以按照自身需求，快速找到适合的算法。本节将对百度平台常用的 SEO 算法进行介绍。

3.1.1 劲风算法

发布时间：2022 年 3 月 24 日。

算法概述：主要针对以下 4 类恶劣聚合页问题进行打击。

- 内容跨领域：清理与站点所属领域不符的聚合页内容，针对站点本身无专注领域的情况，建议开发者将站点内容集中在某个主要领域下，生产专注于该领域的优质原创内容，通过提升内容专注度获得更多搜索用户的点击量。
- 题文不符：清理内容与标题描述不符的聚合页，提升内容与标题、标签的匹配度，并且标题或标签要能准确概括页面内容。
- 静态搜索结果页：基于用户搜索产生的静态页，要使用 robots 进行屏蔽，建议不要产生此类低质页面。
- 无效聚合页：请开发者对站点下的页面内容进行排查，清理低质、无效的聚合页面，要保证页面内容丰富、优质。

3.1.2 升级版清风算法

发布时间：2021 年 9 月 2 日。

算法概述：主要针对下面三类问题进行说明。

- 虽然标题中表示有下载资源，但实际站点无法直接为用户提供下载资源页面：建议开发者在标题中进行说明，如当前暂未上线游戏或 App 资源，站点不能为用户提供下载资源，以避免用户误点。
- 站点在未告知用户的情况下，引导用户下载多个资源：百度搜索虽然允许在下载资源之前，默认勾选推荐的软件，但用户能够根据实际需求取消勾选。在取消勾选后，不能再将推荐软件捆绑下载。
- 实际下载的资源与页面描述内容不符：若小说、音频或视频需要用阅读器或播放器浏览，则开发者应在标题或下载按钮旁说明。

3.1.3 升级版烽火算法

发布时间：2021 年 8 月 19 日。

算法概述：烽火算法升级后，可快速检查网站的违规情况。烽火算法重点打击了跳转劫持和后退劫持行为（跳转劫持是指用户在单击相关网页后，页面跳转到不相关的页面；后退劫持是指用户在浏览网页后，单击后退按钮无法后退，或直接进入假百度页面或垃圾页面）。用户通过百度搜索进入网站页面，并在完成阅读离开页面时，可能会用到回退按钮。若回退按钮失效，则会发生以下几种情况。

- 用户单击回退按钮后，页面无法回退，无任何反应，用户一直被困在站点内。
- 用户单击回退按钮后，页面跳转到网站的首页或列表页，而非用户浏览的上一级页面。
- 用户单击回退按钮后，页面跳转到用户之前没有访问过的色情、作弊、广告等页面。

烽火算法升级后，主要对上述几种情况进行打击。

3.1.4 蓝天算法 2.0

发布时间：2021 年 7 月 29 日。

算法概述：为了维护搜索的公平和公正，以及优质开发者的权益，可对影响搜索秩序的违规行为进行识别和控制。

3.1.5 惊雷算法 3.0

发布时间：2021 年 1 月 14 日。

算法概述：用于严厉打击通过伪造用户行为来试图提升网站搜索排序的作弊行为（百度搜索排序的原则包括 4 个维度，分别是内容质量、权威性、浏览体验和时效性），主要升级以下内容。

- 加强对伪造用户行为的识别。
- 加大对作弊站点的打击力度。
- 扩大算法的覆盖范围。
- 对违规行为严重的领域（如汽车、下载、招聘、B2B、网站 SEO 等）进行针对性打击。

3.1.6 冰桶算法 5.0

发布时间：2020 年 7 月 2 日。

算法概述：可严格控制搜索过程中 App 自动调起等违反落地页体验规范的问题，对于存在问题的站点或智能小程序，将会对违规内容进行限制搜索展示的处理。

注意

搜索引擎禁止任何形式的 App 自动调起。用户搜索的目的是为了直接得到信息或服务。自动调起 App 不仅会成为用户获取信息或服务的阻碍，还会降低用户满意度。App 自动调起可能会导致用户退出该站点，或者选择其他站点。

3.1.7 细雨算法 2.0

发布时间：2019 年 11 月 7 日。

算法概述：可覆盖百度搜索下 PC 端站点、H5 站点、智能小程序中的内容，重点打击 B2B 领域的低质内容，包含恶劣内容的采集与拼接、标题诱导用户浏览不相关内容、空白页面、商品信息有误、电话和交易功能不可用、页面内容质量低等。

3.1.8 飓风算法 3.0

发布时间：2019 年 8 月 18 日。

算法概述：主要针对跨领域采集和站群问题，覆盖百度搜索下 PC 端站点、H5 站点和智能小程序中的内容。

3.2 SEO 实战解读

3.2.1 解读：百度搜索人格化

百度搜索人格化项目是对百度搜索内容的优化提升，对内容撰写者来说具有变革性的意义。相较于传统搜索，百度搜索人格化项目解决了传统搜索依赖传统站点、内容单一、只能满足用户部分需求的问题，更加突出用户的人设定位，展示的内容生动形象，并能将相关服务融入搜索闭环。

3.2.2 解读：百度鸿雁计划

百度鸿雁计划搭起了搜索用户和开发者之间的沟通桥梁，帮助开发者快速了解搜索用户的真实需求，提升用户满意度。针对百度 App 的用户在使用百度搜索时遇到的问题，如内容违规、内容违法、内容侵犯隐私、内容涉及错误信息、页面质量不满足需求、操作功能异常等，百度鸿雁计划会通过“百度搜索资源平台”→“互动交流”→“搜索用户建议”专区，在第一时间将问题同步给网站开发者。同时，为了保障搜索用户的满意度和浏览体验，对于多次被投诉且未及时处理的资源或网站，百度搜索可对其进行限制搜索展示的处理。

注意

目前，百度站长平台已全面升级为百度搜索资源平台。百度搜索资源平台的首页包括网站支持、站长搜索学院、互动交流等版块。如果搜索引擎泄露了用户的隐私信息，造成了不良影响，则用户可使用“百度排名”下方的投诉反馈功能投诉。

3.2.3 解读：《百度 App 移动搜索落地页体验白皮书 5.0》

《百度 App 移动搜索落地页体验白皮书 5.0》（简称《白皮书 5.0》）将落地页体验规范同步给全网开发者，希望内容提供者、服务提供者一同打造沉浸式搜索体验。

1. 主要适用对象

《白皮书 5.0》中的体验标准主要适用于对搜索用户有明确检索价值的页面。对用户没有检索价值的页面或行为，如色情页面、违法页面、作弊页面、低质页面，以及强制用户下载 App 等行为，属于百度搜索算法严厉打击的低质作弊问题。

2. 落地页中合理设置咨询功能

《白皮书 5.0》讲解了落地页应如何合理设置咨询功能。咨询功能是用户在搜索场景下获取信息和服务时，使用最频繁的功能之一。在同一页面中，相同的咨询功能出现一次即可。建议将咨询功能按钮嵌入或悬浮在页面底部（或侧面），方便用户操作。

3.2.4 解读:《百度移动搜索落地页体验白皮书 4.0》

《百度移动搜索落地页体验白皮书 4.0》(简称《白皮书 4.0》) 对落地页中的广告样式和位置进行了规定。落地页首屏的顶部允许出现广告。如果广告包含多张图片，则这些图片的所属行业类型都需要保持一致。在列表页或检索结果页中，一屏的广告面积必须小于列表页或检索结果页面积的三分之一。

1. 落地页中合理增加广告

《白皮书 4.0》对移动搜索落地页中的广告标准具有如下说明。

- 落地页首屏顶部允许出现广告，广告面积不得超过首屏面积的 20%。
- 广告内容不可以出现 App 引导。

2. 提高移动结果落地页中的图片页交互体验

《白皮书 4.0》介绍了在 MIP 站中如何添加 popup 属性，并以此提高移动结果落地页中的图片页交互体验。在 MIP 站中，如果已经安装了 <mip-img> 组件，则可通过添加 popup 属性直接使用 <mip-img> 组件，如 <mip-img popup>。

3. "展开全文" 按钮的规范用法

《白皮书 4.0》介绍了"展开全文"按钮的规范用法。

- "展开全文"按钮之前的文字需要为读者提供明确的指引，避免误导用户。
- 通常来说，用户在单击"展开全文"按钮时，期待能够浏览全部内容。

若在用户浏览的过程中需要连续单击多个“展开全文”按钮才能完成阅读，则会降低用户体验。因此,“展开全文”按钮在一个落地页中只能出现一次。

- 落地页首屏应充分展示正文内容，首屏不得出现“展开全文”按钮。有一种情况除外，即当落地页首屏为列表页时，为了更好地展示表格信息，可合理使用“展开全文”按钮。

4. 提高页面加载速度

《白皮书 4.0》中提到，页面的首屏内容应在 1.5 秒内加载完成，同时，为了保障用户体验，给予优秀站点更多面向用户的机会，由此闪电算法应运而生。闪电算法规定，若移动端页面首屏在 2 秒内打开，则在移动搜索下将获得提升页面评价的优待，并获得流量倾斜。

3.2.5 解读:《百度移动搜索落地页体验白皮书 3.0》

《百度移动搜索落地页体验白皮书 3.0》(简称《白皮书 3.0》) 对落地页的评估原则进行了说明:

- 落地页体验包括手机百度搜索结果和其他浏览器的百度搜索结果。
- 落地页体验包括单击搜索结果页进入的一跳页面，以及再次进入的多跳页面。
- 百度平台会对给用户带来损害的广告内容和体验予以打击。

3.2.6 解读:《百度信息流落地页体验白皮书 2.0》

2018 年 1 月 18 日，百度平台发布《百度信息流落地页体验白皮书 2.0》(简称《白皮书 2.0》)，主要强调以下内容。

- 在页面的任何位置都不允许放置悬浮广告、弹窗广告和遮屏广告。
- 翻页键上方不要放置广告。
- 列表页的面积不能过大。

3.2.7 解读：打击干扰用户正常浏览网站的行为

百度平台会对干扰用户正常浏览网站的行为予以有效打击，举例如下。

- 网页中出现虚假信息。
- 网页中出现违法链接、虚假链接、有害跳转链接等。
- 文章中加入联系方式。
- 文章中植入软文。

3.2.8 解读：更新后的 MIP 优势

更新后的 MIP 优势如下。

- MIP 的组件数量增加至 215 个。
- MIP-cache 的响应时间缩短 50%。
- MIP 组件的上线时间从 1 天缩短至 30 分钟。
- MIP 开源社区的开发者数量增长 3 倍多，已达到 378 人。

以 MIP 中的 mip-bind 组件为例，mip-bind 组件的更新功能有如下几种。

- 能实现复杂的交互。
- 支持头部 async 加载 JS 脚本。
- 新增对 mip-vd-baidu 组件校验和 script 标签的加载脚本校验。

3.2.9 解读：百度移动搜索优化的规则

百度移动搜索优化的规则如下。

- 优化 JS 文件，使 JS 文件可在移动端被识别。

- 优化网页的TDK。
- 优化网页的发布时间。
- 优化canonical标签。
- 优化展现的内容。
- 优化页面的跳转关系。
- 优化死链。
- 优化无效参数。

注意

在移动端网页中添加的canonical标签，可解决网页内容相同、域名展现形式不同的问题，对于与移动端的适配起到了重要作用。利用canonical标签能有效增加移动端网页被收录的概率。

3.2.10 解读：VIP俱乐部升级后成员享受的特权

在VIP俱乐部升级后，成员能够享受到如下特权。

- 成员可优先在资源中展示优质内容、原创内容、时效性内容。
- 成员可参加培训、沙龙等线下活动。
- 网站优先处理成员反馈的问题。
- 网站整改前，会及时通知成员，避免流量损失。

注意

百度主要根据网页的打开速度、文本可读性、主体内容设置、页面排版布局和原创内容等因素，判断网页是否优质。内容生产者需要保证不同版块下的内容都与该版块高度相关。增益内容的确可以给用户带来更好的搜索体验，但前提是增益内容要与主题高度相关。内容生产者不能为了提高百度搜索的评价，盲目追求增益内容。这样反而有拼凑篇幅的嫌疑。

3.2.11 解读：站点切换为 HTTPS 后可能产生的影响

将站点切换为 HTTPS 后，可能产生的影响如下。

- baiduspider 可能会区别对待 HTTP 站点和 HTTPS 站点。
- baiduspider 可能无法抓取 HTTPS 站点。
- 会产生新的 HTTPS 页面，百度可能不会将其视为新页面，即无法重新收录这些页面。

注意

baiduspider 3.0 可将当前离线、以全量计算为主的系统改造为实时、以增量计算为主的全实时调度系统，可实时读写上亿规模的数据。

3.2.12 解读：链接的 4 种提交方式

链接的提交方式有如下 4 种。

- 主动推送：提交速度最快。建议每日将站点的新链接，通过主动推送的方式推送给百度，从而保证新链接可及时被百度收录。
- Sitemap 提交：定期将站点链接放入 Sitemap，并将 Sitemap 提交给百度，百度会每周抓取、检查提交的 Sitemap，并对其中的链接进行处理。此种提交方式的收录速度慢于主动推送的收录速度。
- 手动提交：通过手动方式将链接提交给百度。
- 自动推送：轻量级链接提交组件会将自动推送的 JS 代码放置在站点内每个页面的源代码中。当页面被访问时，页面链接会将页面自动推送给百度，有利于新页面更快地被百度发现。

注意

页面链接的自动推送代码以网页为最小对象，可服务于全平台的多个终端。通过主动推送得到的数据是最受 baiduspider 欢迎的数据。使用主动推送方式推送首页的数据，有利于网页的数据抓取。

3.2.13 解读：处理假冒官网

步骤 1：确认官网的检索结果页是存在侵权行为的山寨网站，并保存截图和 URL 地址。

步骤 2：通过版权页的权利声明，准备申诉所需要的文件。这些文件要格式正确、条理清晰、证据确凿。

步骤 3：向举报平台提交上述文件，进行申诉。

3.2.14 解读：快速识别 baiduspider

平台不同，识别 baiduspider 的方法也不同。一般情况下，快速识别 baiduspider 的方法有如下几种。

- 在 Linux 平台、Windows 平台、macOS 平台中，可通过 DNS 反查的方式验证 baiduspider 。
- 在 Windows 平台或 OS/2 平台中，可使用 nslookup ip 命令反解 IP 地址，并以此判断 IP 地址是否来自 baiduspider 的抓取。
- 在 macOS 平台中，可使用 dig 命令反解 IP 地址，并以此判断 IP 地址是否来自 baiduspider 的抓取。

注意

若 baiduspider 不抓取网站内容，则需要查看网站是否封禁了 baiduspider，以及网站中是否存在低质量的内容，之后需要保证网站的稳定性，关注网站安全，防止网站被黑。下面介绍一下 baiduspider 抓取页面的要点。

- 在页面制作完成后，将页面放置在 baiduspider 能发现的地方。
- 在页面对外公开之前，不能使用工具将页面推送给百度。

3.2.15 解读：避免改版导致的收录损失和流量损失

☞ **步骤 1：**确认已完成新旧内容的跳转。

☞ **步骤 2：**设置 301 跳转（使用 301 跳转对页面进行重定向）。

☞ **步骤 3：**使用百度站长平台工具，加速百度搜索引擎对 301 跳转的处理，尽快完成新旧内容的跳转（测试 iOS 和 Android 操作系统的兼容性，也是为了避免因用户浏览体验差而造成流量损失）。

注意

如果网站在改版时不进行 301 跳转，则从次月底开始，自然流量会明显下降，意味着此次的网站改版对 SEO 有毁灭性的影响，因此在改版时，需要注意如下事项。

- 如果只是改变域名，则只需要知道改版前后域名的对应关系。
- 如果站点 URL 的路径和参数发生了变化，则可通过规则表达式，整理改版前后的 URL 对应关系。
- 如果站点的 URL 没有任何变化规律，无法使用规则表达式，则需要仔细检查改版前后的 URL 对应关系。

3.2.16 解读：关于搜索问题的官方回答

问题1：新网站不被收录怎么办？

回答1：网站开发者需要先思考一下网站的内容资源是否优质、内容属性是否有价值、内容是否存在大量重复内容……如果排除上述因素，网站还是未被收录，则应反思是否存在其他问题。

注意

网站必须要有吸引用户的内容，否则网站没有竞争力。网站内容是给用户看的，而不是给搜索引擎看的。大多数网站被惩罚，是因为外链操作不当。虽然外链操作能在短期内提升网站权重，但如果对外链操作不当，则可能影响网站权重，使排名下降，需要积极尝试、探索更多有效的SEO方法。

问题2：更新的内容为什么不能被隔天收录？

回答2：对大部分站点而言，搜索资源平台的快速收录工具或普通收录工具已能满足需求，极少部分时效性高的优质内容可被隔天收录。

注意

时效性是指用户对搜索结果新旧程度的感知。在满足需求的前提下，用户更希望获得相对新鲜的内容。对于开发者来说，持续生产时效性高的优质内容，有利于获得更多的曝光。

问题3：网站被黑了怎么办？

回答3：如果网站被黑了，则需要在第一时间联系网站技术人员进行快速修正。如果是部分网站页面被黑，则将其设置为404死链，并进行死链提交。如果是整个网站被黑，则应立即闭站，并排查网站漏洞，更改服务器的用户访问密码。

问题 4：网站被恶意刷流量怎么办？

回答 4：开发者需要仔细分析访客的 IP 地址是否在短时间内出现了大量数据。如果存在这种情况，则屏蔽攻击源的 IP 地址，从源头上堵死流量来源，也可在百度搜索资源平台进行反馈。

问题 5：小程序上线后搜不到怎么办？

回答 5：小程序从上线到可被搜索到是需要时间的。如果长时间搜索不到小程序，则可咨询客服。

问题 6：如何加入百度优站扶持计划？

回答 6：加入百度优站扶持计划，需要满足如下条件。

- 在百度搜索中没有得到合理的流量。
- 可提供百度搜索欠缺的优质资源。
- 有持续生产优质内容的能力，在优站扶持通道中长期保持活跃。

问题 7：站长平台为站点提供哪些验证方式？

回答 7：站长平台为站点提供的验证方式包括文件验证、HTML 标签验证和 CNAME 验证。

3.2.17 解读：关于小程序需要掌握的技能

小程序在没有经百度授权或同意的情况下，不能存在诱导类行为，包括诱导关注、诱导分享、诱导抽奖等。例如，不能要求用户分享或关注后才能获得抽奖机会或增加抽奖机会；不能明示或暗示用户分享或关注图片、文案、按钮等；不能通过利益诱惑诱导用户传播、分享；不能用夸张语言胁迫、引诱用户分享等。下面介绍关于小程序需要掌握的知识点。

1. 小程序启动性能的重要性

启动性能是创造良好用户体验的基本要素。当用户进入小程序时，良好的启动性能可快速加载页面。如果性能欠佳，则可能出现加载速度过慢、输入无响应、内容不可访问等情况，影响用户体验，导致用户流失。

2. 如何提升小程序和 H5 页面的加载速度

若小程序的加载速度过慢，则有如下解决方法。

- ◆ 控制图片的大小。
- ◆ 开启图片懒加载功能。
- ◆ 尽量少使用耗费性能的属性。
- ◆ 巧妙使用 Progressive JPEG（渐进式 JPEG），优化用户体验。

若 H5 页面的加载速度过慢，则有如下解决方法。

- ◆ 清除非必要的资源、阻塞渲染的 JS 代码和 CSS 代码，减小 JS 负载，优化阻塞渲染的 JS 代码。
- ◆ 优化资源，减小下载文件。
- ◆ 若页面存在额外跳转，则去除页面的额外跳转。

3. 如何提升小程序的提交配额

提升小程序提交配额的方法如下。

- ◆ 若页面中存在联系方式，则将联系方式放在合理的、不影响阅读的位置。
- ◆ 若页面内容为软文，则应合理、合规生产内容，不要利用主观性标题误导用户。
- ◆ 若页面中存在恶劣采集内容，则可通过 Sitemap 文件提交优质、原创的资源。

4. 如何利用组件精细化运营小程序

一站式互动组件可快速实现发布评论、点赞、收藏、转发等功能，不仅缩短了开发周期，增加了与用户的互动，还能与百度 App 的收藏和通知功能同步使用，进一步提升用户体验，实现精细化运营小程序的目的。

5. 应用工具特型获流权益

工具特型获流权益是专为工具类小程序提供的高效分发权益。数据库中的资源依据小程序的交互体验、场景契合度等因素进行评估，将小程序推送至含搜索寻址、搜索特型、百度 App 端场景、贴吧场景的渠道进行分发，实现一站式提交、多渠道分发的目的。工具特型获流权益面向 A 级与 B 级的小程序开放，如果小程序的等级为 A 级或 B 级，且小程序为工具小程序或小程序存在工具页面，则应提交小程序中的工具页面结构化数据，获取流量。

6. 玩转小程序私域流量

小程序的私域流量需要分层运营。分层运营是一项不需要任何开发成本、可随时使用的精细化私域经营能力。通过百度大数据筛选的用户画像和用户的历史行为数据，开发者可根据业务目标，精准经营私域用户，实现用户分层筛选，提升经营效率和转化效果。

7. 解读 OpenCard

OpenCard 是针对小程序开发者设计的阿拉丁卡片，具有如下特点。

- 可开放更多的合作类目。
- 在同一卡片中可引入多个资源方，根据搜索体验分配展现权重，促进开发者公平竞争。
- 开发者的自由度大，可自主申请开放新类目、设计卡片样式。
- 对接流程简单，上线周期短，内容提交成本低。

8. 使用站点权益

站点权益包括品牌展现、站点 Logo、快速收录等。如果要使用站点权益，则站点要在关联小程序后，至少成功生效一条替换规则，并且小程序的月活跃用户人数大于 1000。当小程序的月活跃用户人数大于 1500 时，可填写问卷并再选择一项站点权益。因此，可采取站点关联小程序的方式展现网站品牌，建议优先替换站点首页。

9. 获取用户

可利用小程序的特点和落地页浏览量多的优势，将小程序组件放置在落地页的中部，为用户提供明显的关注入口，从而获取用户。

3.2.18 解读：关于搜索资源需要掌握的技能

1. 使用搜索资源提交工具时的注意事项

网站的完整性离不开搜索资源提交工具，使用搜索资源提交工具时一定要注意如下内容。

- 进行站点验证。
- 更新原创内容和时效性高的内容。
- 使用 Sitemap 文件提交资源时，文件为 TXT 或 XML 格式。每个地址文件最多包含 50000 个网址，且文件的大小需要小于 10MB。

2. 提交搜索资源时需要注意的问题

- 定期检查搜索资源的时效性，并删除过期的搜索资源。
- 在提交搜索资源之前，检查内容是否有效，确认各类资源均有效后再提交。
- 保留有价值的搜索资源并进行提交。

 3.2.19 解读：关于页面设计需要掌握的技能

1. 轻松解决页面中广告太多的问题

请注意如下要点，可轻松解决页面中广告太多的问题。

- 一屏中，咨询功能相同的按钮只能出现一次。
- 咨询功能按钮不要出现在页面顶部，可以嵌入、悬浮在页面底部或侧面。
- 咨询功能按钮的面积不可超过一屏面积的 10%。
- 如果用户没有主动单击咨询功能按钮，则咨询对话窗口不能自动弹出。

注意

在《最新百度移动搜索落地页体验白皮书——广告篇 2.0》中介绍了广告的位置、样式和内容应如何设置，有兴趣的读者可参考。

2. 在不同内容之间设置间隔

☞ 步骤 1：在主体内容与次要内容之间设置分割线。

☞ 步骤 2：在翻页按钮与次要内容之间设置明显的间隔。

3. 正确设置落地页的咨询功能

在设置落地页的咨询功能时，需要合理设置咨询功能的出现频次和出现位置。

4. 提高用户体验

页面设计是影响用户体验的主要因素之一，设计页面时应注意如下要点。

- 首屏的内容应在 1 秒内加载完成。

◆ 减小程序包的体积。
◆ 页面主体内容与广告、相关推荐有明显区分。
◆ 合理放置“展开全文”按钮。
◆ 严禁出现违禁、低俗的广告内容。
◆ 从主体内容的标题开始到正文内容结束前，禁止插入任何广告。

5. 设计交互功能

交互功能的设计会影响用户体验。下面介绍在设计交互功能时需要注意的事项。

◆ 交互功能的位置需要固定且符合用户习惯，功能真实可用、操作便捷。
◆ 当前页的同一咨询功能只能出现一次。
◆ 页面的文本内容支持长按复制，站点和小程序的登录入口要清晰明显，登录方式便捷，支持授权登录。
◆ 当站点和小程序提供给用户的服务有定位需求时，应支持自动定位服务。

6. 哪种页面会被优化展示

被优化展示的页面有如下两种。

◆ 浏览体验差的移动端页面。
◆ 影响浏览体验且无对应移动端页面的 PC 端页面。

7. 展示搜索基础展现结果

站点 Logo、品牌展现、站点子链等搜索基础展现结果，可以通过平台工具（搜索资源平台）展示。

8. 从 PC 端页面重定向到移动端页面

从 PC 端页面重定向到移动端页面时，有以下两种情况。

- 站点有独立的移动端站点或 PC 端站点：需要在服务器端跳转。当在移动设备上访问 PC 端站点时，服务器会对环境进行判断，并重定向到对应的移动端页面。
- 站点没有独立的移动端站点或 PC 端站点：采用前端页面响应式布局，可以在不同的分辨率和设备下合理展示页面。

3.2.20 解读：关于防止网站被劫持需要掌握的技能

1. 防止网站被劫持

防止网站被劫持的方法有如下几种。

- 使用第三方的安全观测平台对网站进行非接触式监测，监测网站的异常动态，并使用短信和邮件通知。
- 服务器端可以安装第三方杀毒软件，以防网站被劫持。
- 建议敏感站点能够实现动态、静态分离，以及读取、存储分离。

2. 网站被劫持的解决方案

常见的网站劫持手段有流量劫持、权重劫持、广告劫持、其他劫持（如浏览器劫持或路由劫持）。当网站被劫持时，解决方案有如下几种。

- 对网站进行 HTTPS 改造，加强网站的安全性。
- 推动第三方站点改造 HTTPS，跟第三方资源提供者充分沟通，确保使用网站统计、网站优化等功能的第三方资源不存在故意作弊的情况。
- 重视网络安全，利用法律武器维护自身的合法权益。

3. 网站域名被劫持的解决方案

在打开一个网站时，如果出现不属于网站的广告，或跳转到某个不属于网站的页面，则判断该网站域名被劫持，解决方案有如下几种。

- 关闭域名泛解析，进入域名管理后台，找到带“*”的域名解析，并删除该域名。
- 如果网站被黑客劫持，则找到被修改的文件，清理木马程序。

3.2.21 解读：关于使用频率较高的 HTTP 状态码

使用频率较高的 HTTP 状态码有如下几种。

- 301：永久性重定向。请求的网页已被永久移动到新位置，服务器返回响应时，会自动将请求转到新位置。
- 302：临时性重定向。目前，服务器虽然可通过其他位置的网页响应请求，但应使用原有位置的网页响应请求。
- 400：请求出错。由于语法格式有误，因此服务器无法理解请求。

注意

改造 HTTP 站点的方式有两种：通过 301 或 302 跳转；重定向至 HTTPS。这两种跳转方式都可以被识别。

3.2.22 解读：关于流量下跌或流量异常的解决方法

若流量下跌，则可使用抓取异常工具或抓取诊断工具，模拟百度蜘蛛的抓取行为，诊断流量下跌的原因，使用关键词流量分析工具，对流量进行查询。如果流量出现断崖式下跌，则建议立即反馈给反馈中心：提供问题站点的 URL；提供流量站点的流量下降图；提供 3~5 条不被收录的 URL。

 3.2.23 解读：关于 HTTPS 的常见问题

问题 1：站点是否一定要用 HTTPS？

回答 1：不一定，需要看站点的要求。

问题 2：站点使用 HTTPS 认证工具能有什么益处？

回答 2：百度蜘蛛优先抓取 HTTPS 的链接。

问题 3：没有做全站 HTTPS，可以使用认证工具吗？

回答 3：一般情况下不可以。

问题 4：完成 HTTPS 认证后，怎么退出？

回答 4：单击认证工具下方的 HTTPS 退出按钮即可。

问题 5：改造网站时，HTTPS 有哪些作用？

回答 5：HTTPS 是防止网站被劫持的有效手段。使用 HTTPS 的认证工具，可帮助百度搜索快速识别并收录 HTTPS 站点。在使用 HTTPS 改造网站后，网站不需要重新提交移动适配。

注意

移动适配的方式有三种：跳转适配、代码适配、自适应适配。在移动适配中，地域类站点必须做好地域间的对应适配，多对一的适配关系不利于搜索识别，会影响站点的搜索展示。

3.2.24 解读：关于闭站保护的常见问题

问题 1：闭站保护的申请需要多长时间才能通过？

回答 1：提交闭站保护申请后，一天内即可生效。

问题 2：闭站后申请恢复网站，多久能恢复？

回答 2：在没有出现大量 404 状态码的情况下，2 天即可恢复网站。

问题 3：在申请闭站保护后，为什么需要重新提交申请？

回答 3：校验失败，需要重新提交申请。

问题 4：主站开启闭站保护后，移动站是否需要同步开启保护？

回答 4：移动站需要同步开启保护。主站在开启闭站保护后，只会保护做过移动适配的链接，独立链接并不受保护，还是能正常打开的。

注意

若移动适配不稳定、不生效，则原因有两种。

- 网站页面有跳转，导致移动适配不稳定。
- 在百度资源平台添加适配规则时，适配规则被混淆，导致添加失败。

问题 5：在内容设置为 404 状态时，可以申请闭站保护吗？

回答 5：不可以。在申请闭站保护之前，需要检查需要受保护内容的状态码是否为 404。

3.2.25 解读：关于网页快照的疑问

问题 1：网页没有网页快照的原因是什么？

回答 1：只是没有针对该网页生成快照，并不是对网页进行了特殊处理，不必过于担心。

问题 2：网页快照内容更新慢的原因是什么？

回答 2：网页快照内容的更新速度与快照的更新频率有关。不同网页的更新周期不一样，最长的更新周期以月为单位，最短的更新周期以分钟为单位。

3.2.26 解读：关于索引量与通过 site 语法查询结果不一致的原因

索引量与通过 site 语法查询结果不一致的原因如下。

- 原因 1：时效性。索引量统计的是前一天的数据，链接可能由于存在死链或其他原因被屏蔽。site 语法的时效性比索引量强，使用 site 语法进行数据查询时排除了失效链接或死链，导致索引量比通过 site 语法查询的数据多。
- 原因 2：链接跳转。即使链接使用了 301 或 302 跳转，仍会存在重复的页面，造成通过 site 语法查询的数据会比索引量少。
- 原因 3：新增了链接。索引量统计的是前一天的数据，如果当天新增了一些链接，则会造成通过 site 语法查询的数据比索引量多（说明收录在增长）。

注意

通过 site 语法查询的数据与站长平台给出的索引量一致，避免了以往页面在 PC 端和移动端因双重收录而被重复计算的情况。百度搜索会根据用户的终端返回最合适的结果：PC 端搜索会优先展现 PC 版结果；移动端搜索会优先展现移动版结果。

3.2.27 解读：关于更换域名的常见问题

问题 1：网站更换域名时，会对网站的排名和收录产生影响吗？

回答 1：会对网站排名和收录造成影响，不建议更换域名。

注意

若必须更换域名，则建议完善 301 跳转的规则（使用站长工具提交改版规则，并处理死链）。

问题2：网站从目录级域名更换为二级域名，会对网站的排名产生影响吗？

回答2：已经改变了域名，对网站的排名、收录、流量都会产生影响。

问题3：网站改版了多个子域名，并将其换成主站子目录，会对主站产生影响吗？

回答3：在分配网站内容时，选择使用子域名或子目录，会对网站在搜索引擎中的表现有较大影响：若选择子域名，则子域名中包含关键词，对网站优化有很大帮助；若选择子目录，则子目录作为能够继承主域名的权重目录，其质量会影响整个网站的质量。

问题4：更换域名时如何减少损失？

回答4：更换域名时，尽量使URL的路径和ID有规律可循，并使用301跳转。

 3.2.28 解读：关于新网站需要掌握的技能

1. 申请新网站保护工具的权限

新网站保护工具的权限是自动开通的，不需要申请。

2. 在新网站建设过程中需要注意的细节

- 空短内容：避免产生空短内容。若百度蜘蛛发现一个网站的大部分内容都是空短内容，则会认为这个网站的整体价值较低，会降低抓取的流量，导致该网站的页面更新速度和收录速度下降。
- 外链处理：如果页面中的外链都是死链，则会降低用户体验。若网站中出现大量死链或无效外链，则会影响站点评价，有必要定期清理死链和无效外链。
- 用户体验：一个网站最终的使用群体是用户，不是搜索引擎，不能因为SEO而降低用户体验。
- 抓取友好性：代码要具有抓取友好性，使用结构分布合理的代码，以便于蜘蛛抓取。

3. 如何正确搭建网站结构

使用扁平化结构搭建新网站，建议参考如下示例：Abc.com/news&Abc.com/aports&Abc.com/ent。在搭建新网站时，目录层级不要过深，并且所有目录都应位于主域名下。

4. 什么样的网站会被优先抓取

若一个网站符合抓取模型的 5 个因素，则会被优先抓取。抓取模型的 5 个因素包括网站更新频率、用户体验、优质入口、历史抓取效果和服务器的稳定性。

5. 搭建 HTTPS 网站的前提条件

搭建 HTTPS 网站的前提条件如下。

- 证书申请：通过可信机构申请证书，建议企业使用付费的高级证书。
- 网站选型：电商、金融、社交网络等涉及用户私密信息的网站更适合搭建为 HTTPS 网站。
- 服务器：支持证书安装，并支持 SSL/TLS 协议（HTTPS 以 SSL/TLS 协议为安全基础。在信息传输过程中，服务器端和客户端传输的信息都会进行加密，因此传输链路更加安全、可信）。

3.2.29 解读：关于死链需要掌握的技能

1. 死链的类型

- 协议死链：通过 HTTP 协议状态码，明确表示该网页已无阅读价值。
- 内容死链：由网站自身原因造成，如删帖、信息过量、交易关闭等。
- 跳转死链：通过技术手段把无意义的死链跳转到其他网页。

2. 死链的产生原因

产生死链的原因有如下几种。

- 内链出错：网站内部添加了错误链接。
- 访问出错：网站暂时无法访问，产生大量的错误页面。
- 提取出错：URL 不完整或失效。
- 网站改版：在删除旧页面后，产生大量死链。

3. 死链的处理方式

死链的处理方法如下。

- 网站改版时，尽量不要直接删除和修改有价值页面的 URL。如果必须删除旧数据，则对删除的页面进行 URL 整理和死链提交（需要通过百度站长平台的死链提交工具主动提交死链）。
- 将收集的死链复制到网站根目录的一个文档中，并通过“百度站长工具”→“网页抓取”→“死链提交”→“添加新数据”→“填写死链文件地址”提交该文档的地址。

4. 死链的设置步骤

死链的设置步骤如下。

☞ **步骤 1：**将页面的 HTTP 返回码设置为 404 或 410。

☞ **步骤 2：**修改页面的标题，以示该页面为死链。

第4章

实战：不同新媒体平台的 SEO 方案

随着移动互联网时代的到来，信息传播格局发生了变化，新媒体与传统媒体融合发展之势愈演愈烈，微博、微信、今日头条、小红书、知乎、B 站、抖音等平台在营销列阵中成为主要阵地。在此背景下，SEO 逐渐产生了新的内容、思路和方案。本章将详细介绍适用于不同新媒体平台的 SEO 方案。

4.1 微博

微博提供搜索功能，通过 SEO 技术，并遵循微博排序规则，可达到预期的搜索效果。

4.1.1 微博搜索概述

微博搜索属于站内生态闭环的资源搜索，搜索结果包括综合、实时、用户、文章、视频、图片、话题、高级搜索等类型的内容，如图 4-1 所示，不包含外网内容。其中，高级搜索可从关键词、类型、包含、时间等方面进行搜索，如图 4-2 所示。

图 4-1　微博搜索结果的类型

图 4-2　微博高级搜索

微博社交全域数据生态的基本情况如图 4-3 所示。

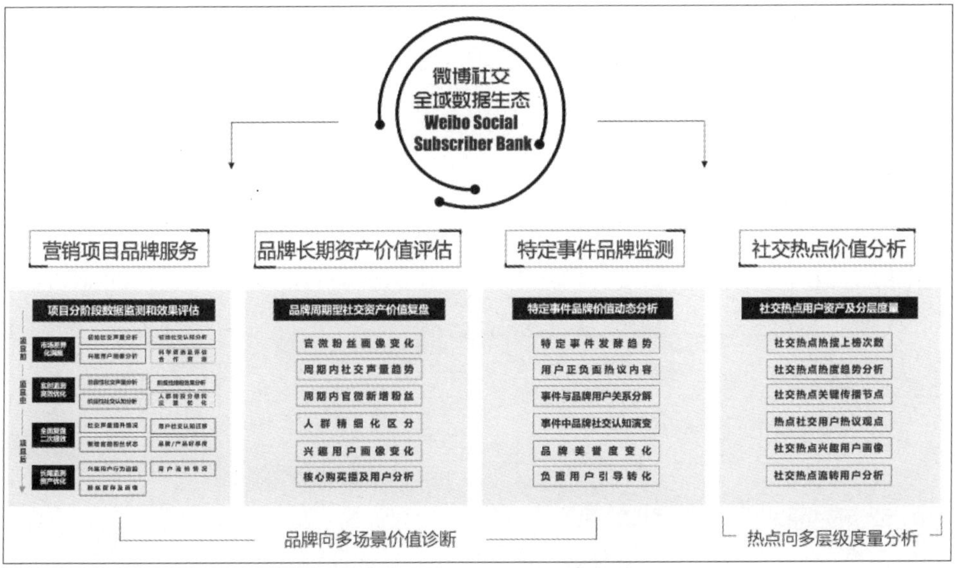

图 4-3　微博社交全域数据生态的基本情况

在微博平台进行 SEO 后，可从微博的私域流量获得更多关注，同时在外网搜索中也能获得更多的排名机会。

4.1.2　搜索排序规则

微博在 PC 端和移动端下的搜索排序规则不同，如图 4-4 所示（左侧虚线框内为微博搜索第 1 页呈现的内容）。

在 PC 端的微博搜索框中输入关键词，搜索结果的展示顺序通常为认证或未认证的账号、超话、热门微博、实时微博、微博内容、热门文章、其他微博内容。以上内容的出现顺序并非一成不变，与关键词紧密联系，如账号或热门微博中含有该关键词，则会优先出现该内容，一般来说，可展现 1 个认证账号或未认证的账号、2~3 条热门微博、2~3 条实时微博；如无该关键词，则优先展示 4~5 条微博内容、2~3 条热门文章、15 条左右的其他微博内容。

在移动端的微博搜索框中输入关键词，搜索结果的展示顺序为认证或未认证的账号、超话、热门、热推、热门视频、关注、百科、实时、热门文章。

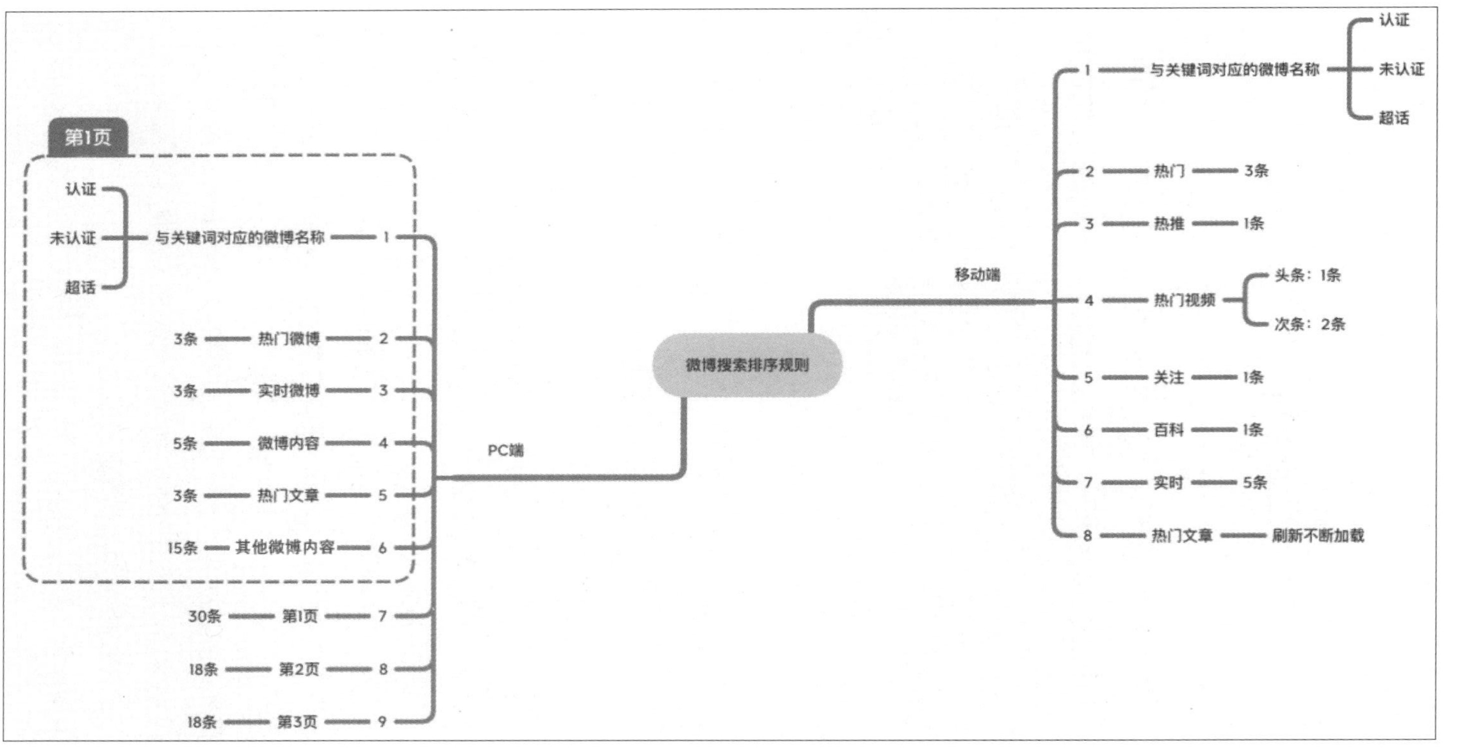
微博搜索排序规则
移动端
1 与关键词对应的微博名称
认证
未认证
超话
2 热门 3条
3 热推 1条
4 热门视频
头条：1条
次条：2条
5 关注 1条
6 百科 1条
7 实时 5条
8 热门文章 刷新不断加载
PC端
第1页
1 与关键词对应的微博名称
认证
未认证
超话
2 热门微博 3条
3 实时微博 3条
4 微博内容 5条
5 热门文章 3条
6 其他微博内容 15条
7 第1页 30条
8 第2页 18条
9 第3页 18条

图 4-4 搜索排序规则

4.1.3 SEO 步骤

在微博中进行 SEO 时，若目的不同，则重点不同。

- 如果 SEO 的目的是进行品牌传播，则进行 SEO 时，重点是进行内容占位和品牌露出。
- 如果 SEO 的目的是为了获得更高的曝光，则进行 SEO 时，重点是提高微博内容的占位时长，并提升微博内容的排名。

在微博中进行 SEO 的常见步骤如下，可获取更多的引流和占位。

☞ **步骤 1：**根据用户的搜索动机确定关键词。

☞ **步骤 2：**提升微博内容的质量、原创度和稀缺性，方法如下。

- 一条微博最多可发送 18 张图片，合理使用标签、贴纸、滤镜、裁剪、边框、文字、水印、允许他人转载等功能，可提升图片质量。
- 在视频中，合理使用音乐、滤镜、封面、标题、描述、片尾、水印、允许他人下载、视频保存到相册等功能，可提升视频质量。
- 制作内容模块，合理添加图片、话题、小标题和评分模块。
- 通过使用 @ 好友、添加地理位置、超话、话题、动图、表情等功能，可提高内容的流行度。
- 在预览微博的内容后，可选择发送时间，并选择在电脑、手机等终端都发布微博。
- 先进行小范围测试，再按照规律，设置微博的内容矩阵。

☞ **步骤 3：**向爬虫提交微博的 URL。

☞ **步骤 4：**为微博添加外链。

☞ **步骤 5：**监测微博排名，并总结经验。

4.2 微信

微信的“搜一搜”功能作为微信生态的搜索入口，打通了腾讯体系的内容与服务（小程序、公众号、搜狗、QQ 音乐、微信读书等），可为用户呈现对应的搜索结果。使用 SEO 技术，可使指定内容处于预期的排名位置。

4.2.1 微信搜索概述

微信的“搜一搜”功能可在全网范围内检索，通过比对输入的关键词返回搜索结果，从而为用户提供良好的搜索体验。微信的“搜一搜”功能共提供 15 种类型的搜索结果，包括全部、百科、公众号、小程序、视频号、视频、朋友圈、文章、新闻、直播、微信指数、读书、音乐、表情和商品。

图 4-5　微信生态内的主要功能和特点

在微信中进行 SEO 时，一般可优化微信搜索界面的首屏和二屏，如图 4-6 所示。在微信中进行 SEO 的效果会在搜狗平台中展示，如图 4-7 所示。

(a) 首屏

(b) 二屏

图 4-6 优化后的微信 SEO 效果

图 4-7 在搜狗平台中展示 SEO 效果

4.2.2 平台规则

微信的平台规则如图 4-8 所示。

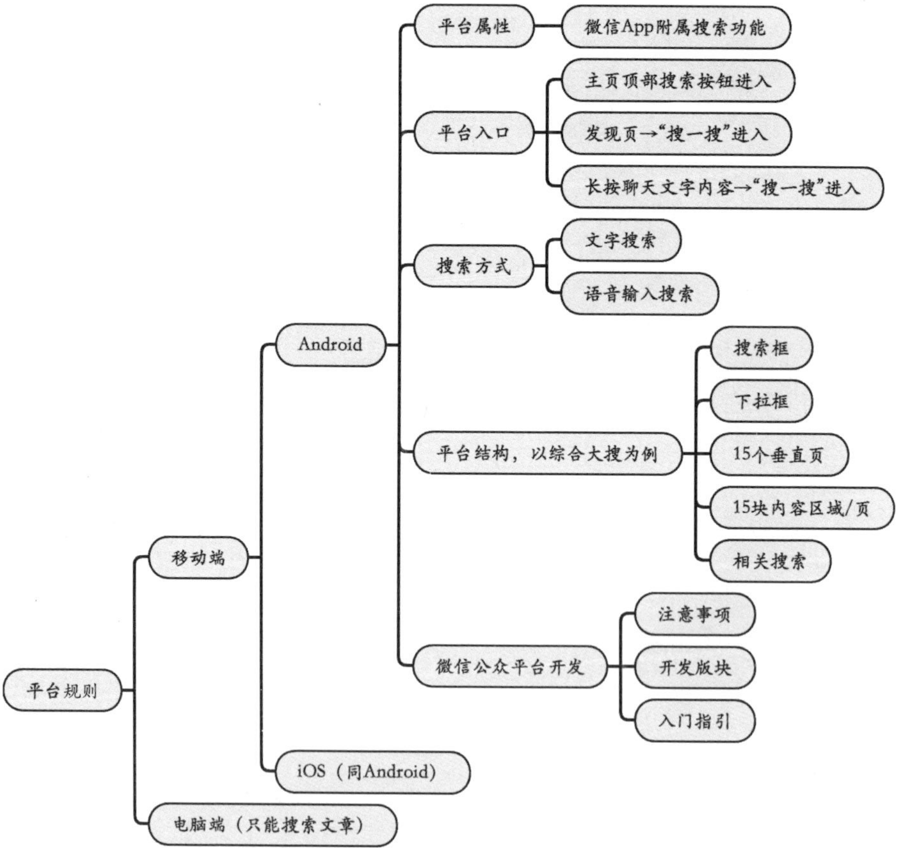

- 平台规则
  - 移动端
    - Android
      - 平台属性
        - 微信App附属搜索功能
      - 平台入口
        - 主页顶部搜索按钮进入
        - 发现页→“搜一搜”进入
        - 长按聊天文字内容→“搜一搜”进入
      - 搜索方式
        - 文字搜索
        - 语音输入搜索
      - 平台结构，以综合大搜为例
        - 搜索框
        - 下拉框
        - 15个垂直页
        - 15块内容区域/页
        - 相关搜索
      - 微信公众平台开发
        - 注意事项
        - 开发版块
        - 入门指引
    - iOS（同Android）
  - 电脑端（只能搜索文章）

图 4-8　微信的平台规则

微信的媒体属性及其优化策略如图 4-9 所示。

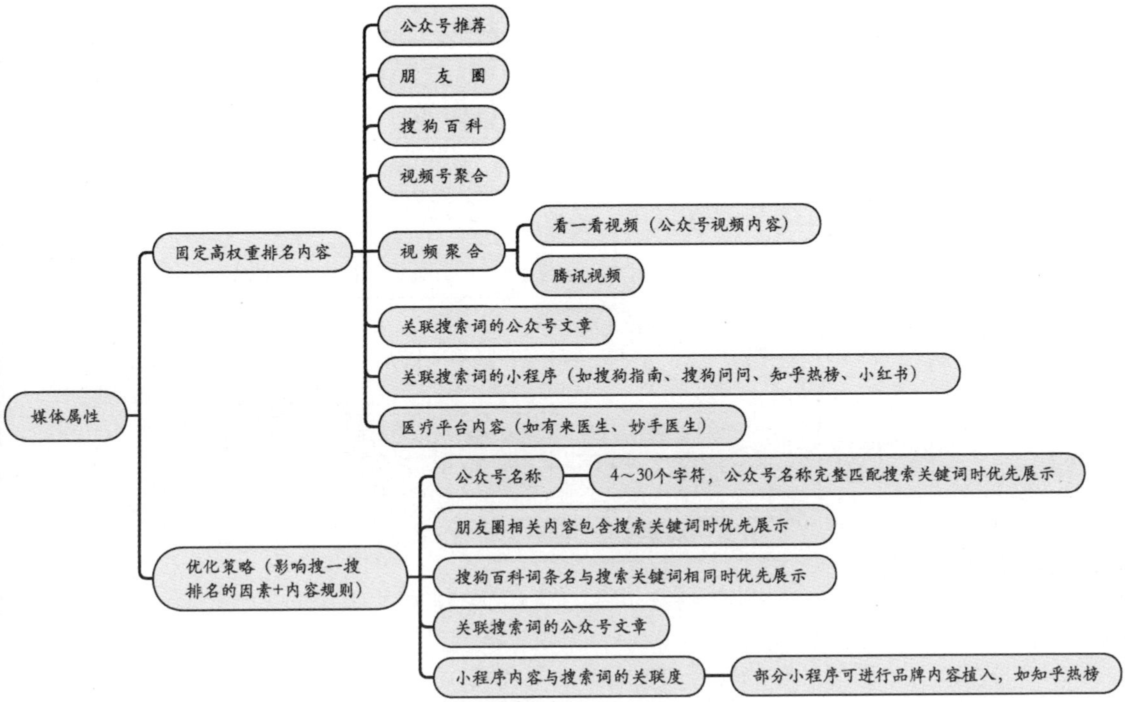

媒体属性
固定高权重排名内容
公众号推荐
朋 友 圈
搜狗百科
视频号聚合
视 频 聚 合
看一看视频（公众号视频内容）
腾讯视频
关联搜索词的公众号文章
关联搜索词的小程序（如搜狗指南、搜狗问问、知乎热榜、小红书）
医疗平台内容（如有来医生、妙手医生）
优化策略（影响搜一搜排名的因素+内容规则）
公众号名称
4～30个字符，公众号名称完整匹配搜索关键词时优先展示
朋友圈相关内容包含搜索关键词时优先展示
搜狗百科词条名与搜索关键词相同时优先展示
关联搜索词的公众号文章
小程序内容与搜索词的关联度
部分小程序可进行品牌内容植入，如知乎热榜

图 4-9 微信的媒体属性及其优化策略

微信视频号获取排名的要素包括话题、描述、效果维护等，如图 4-10 所示。

视频号
话 题
描 述
效果维护
以关键词为话题
字数不限，遵从关键词居左原则
点赞、评论、浏览

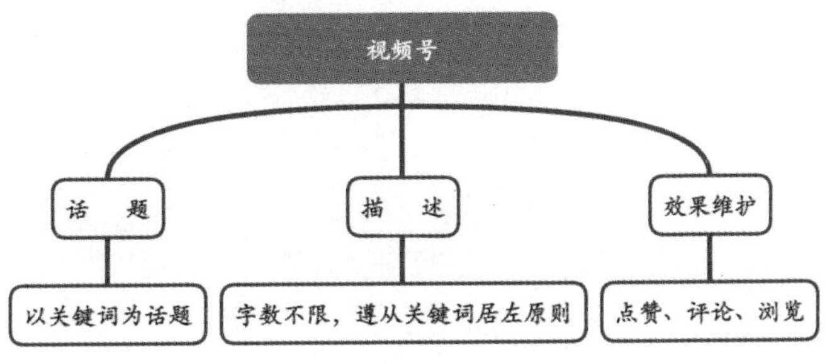

图 4-10 微信视频号获取排名的要素

微信视频聚合的展现条件（包括公众号视频和腾讯视频）如图 4-11 所示。

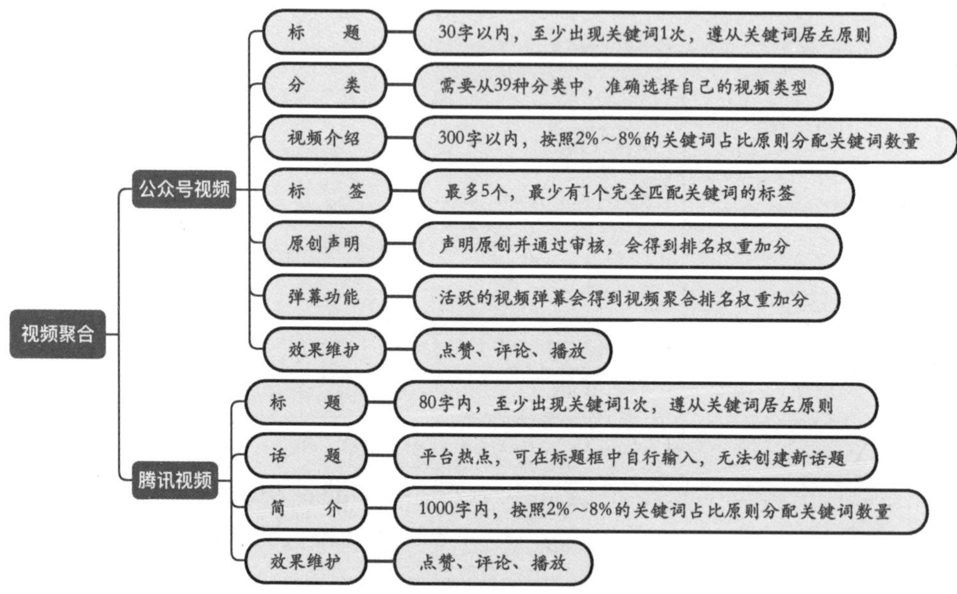
视频聚合
公众号视频
标　　题
30字以内，至少出现关键词1次，遵从关键词居左原则
分　　类
需要从39种分类中，准确选择自己的视频类型
视频介绍
300字以内，按照2%～8%的关键词占比原则分配关键词数量
标　　签
最多5个，最少有1个完全匹配关键词的标签
原创声明
声明原创并通过审核，会得到排名权重加分
弹幕功能
活跃的视频弹幕会得到视频聚合排名权重加分
效果维护
点赞、评论、播放
腾讯视频
标　　题
80字内，至少出现关键词1次，遵从关键词居左原则
话　　题
平台热点，可在标题框中自行输入，无法创建新话题
简　　介
1000字内，按照2%～8%的关键词占比原则分配关键词数量
效果维护
点赞、评论、播放

图 4-11　微信视频聚合的展现条件

关联搜索词公众号文章的排名规则如图 4-12 所示。

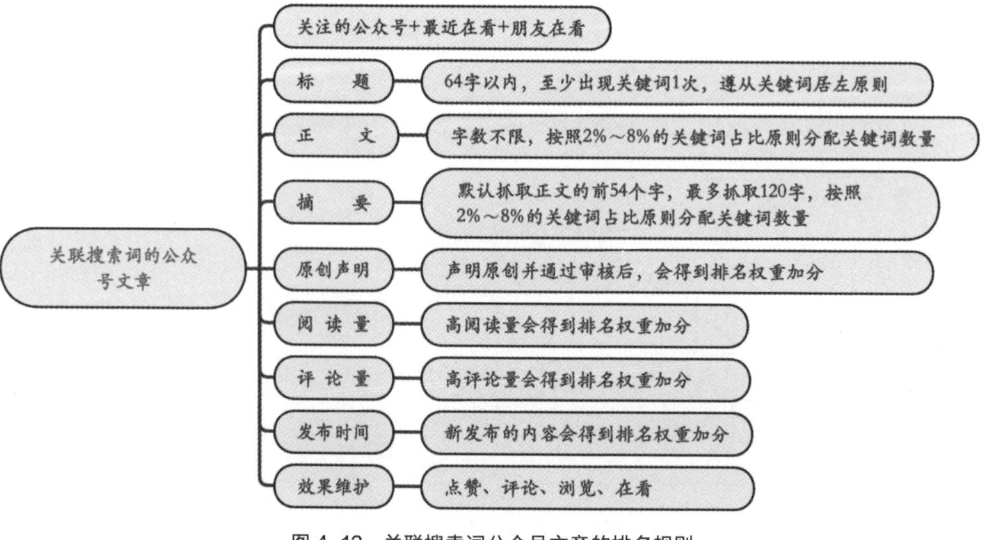
关联搜索词的公众号文章
关注的公众号+最近在看+朋友在看
标　　题
64字以内，至少出现关键词1次，遵从关键词居左原则
正　　文
字数不限，按照2%～8%的关键词占比原则分配关键词数量
摘　　要
默认抓取正文的前54个字，最多抓取120字，按照2%～8%的关键词占比原则分配关键词数量
原创声明
声明原创并通过审核后，会得到排名权重加分
阅 读 量
高阅读量会得到排名权重加分
评 论 量
高评论量会得到排名权重加分
发布时间
新发布的内容会得到排名权重加分
效果维护
点赞、评论、浏览、在看

图 4-12　关联搜索词公众号文章的排名规则

4.2.3 SEO 步骤

在微信中进行 SEO 之前，需要先明确优化思路。

- 所要展现内容的类型要丰富，可包括 PGC、UGC、OGC、图文、视频等形式的内容。
- 对特定平台的内容进行部署，如在知乎、小红书、简书、搜狗百科、搜狗问答等平台内进行部署。
- 搜狗平台（搜狗搜索、搜狗小程序）可配合微信进行优化。
- 进行内容“种草”时，内容需要满足微信风格，同时需要对内容排版。

在明确以上优化思路后，在微信中进行 SEO 的常见步骤如下。

☞ **步骤 1：**制定优化目标，对排名、占位、口碑、粉丝数量等提出要求。

☞ **步骤 2：**拆解目标，制定可执行性的工作计划。

☞ **步骤 3：**分析数据，如关键词、内容量、阅读量、回复量、评论量、转发量、排名等数据，建立数据监测机制。

☞ **步骤 4：**对文章、小程序、视频，以及所有参与微信搜索排名平台中的内容（知乎、小红书、搜狗问问、搜狗指南）进行优化。

- 文章：从标题、首段内容、正文、图片、排版、字数等多方面进行优化。例如，标题的字号为 16 ~ 18 磅，在标题中加入 SEO 关键词；首段内容的行间距为 1.75 厘米，段间距为 14 ~ 15 磅；正文的字号为 14 磅或 16 磅，加粗正文的重点内容，并设置颜色，需要在正文中加入 SEO 关键词；图片格式为 JPG（在满足清晰度的情况下，图片越小越好）；优先使用横向矩形样式的图片，图片中不加水印；排版时，建议使用第三方编辑器，如 91 编辑器；字数控制在 1000 ~ 5000 个汉字之间。
- 小程序：确保小程序的命名、描述、启动流程、运行性能均符合标准，完成代码包的体积优化、代码注入优化、首屏渲染优化、渲染性能优化、页面切换优化、资源加载优化、内存优化等。

- 视频：选题新颖，描述时采用最小颗粒度的内容，封面和标题能够准确匹配，视频的描述、话题、位置、活动、链接等元素完整、准确。若为半屏尺寸的视频，则推荐的视频比例为3∶4，视频分辨率为1080×1440；若为全屏尺寸的视频，则推荐的视频比例为9∶16，视频分辨率为1080×1920。
- 知乎（参与微信搜索排名）：在知乎站内部署视频内容、文章内容、想法内容、直播、创作活动等，不仅可提高内容在知乎站内的活跃度，还能提升内容在微信中搜索排名的权重。
- 小红书（参与微信搜索排名）：在小红书中部署微信的视频笔记和图文笔记，合理插入关键词、标题、描述，并设置好封面，提交给微信爬虫。
- 搜狗问问（参与微信搜索排名）：优化问题和答案。撰写问题时，需要用一句话（最多40个汉字）描述问题，同时还可以补充问题、添加问题标签和使用问题悬赏功能。撰写答案时，要直接回答问题，在答案开始处直接给出结论，条理清晰地列出具体原因，并给出完整的解决方案，必要时可使用图片进行辅助说明。搜狗问问的问题撰写如图4-13所示。

图4-13　搜狗问问的问题撰写

- 搜狗指南（参与微信搜索排名）：撰写搜狗指南时，要对标题（6 ~ 22 个汉字，可使用符号“-”“·”“:”“、”）、简介（包括一段文字和一张图片）、工具材料（可添加要求和注意事项）、操作方法（两张图片，图片要求无水印、不要留白）和特别提示等进行优化。

☞ **步骤 5：**微信站外内容优化。下面以搜狗中的 SEO 规则为主，介绍具体的优化内容。

- 详情页面：详情页面为用户单击搜索结果后进入的页面，用于展示相关的扩展内容，通常包括文章内容页面、商品详情页面、问答详情页面等。
- 主体内容：主体内容为页面最想表达的内容。例如，从文章标题开始至正文内容结尾的部分属于主体内容，文章的用户评论、分享、推荐等内容不属于主体内容。
- 移动适配：移动适配是指 PC 端的网页在移动设备中也可正常展现，以确保用户可看清内容，不需要执行放大、缩小、左右滑动等操作。

☞ **步骤 6：**提交爬虫数据，将站内、站外的数据主动提交给微信爬虫。

☞ **步骤 7：**添加外链，执行外链优化，并将外链指向需要优化的落地页面。

☞ **步骤 8：**保障内容的原创性、准确性和美观性，内容最好做到垂直度高、颗粒度小。

☞ **步骤 9：**进行持续的运营、维护和算法优化，如接入服务页面、接入服务槽位。

- 接入服务页面。服务页面接入示例如图 4-14 所示。当服务通过审核后，将自动进入服务页面，在服务页面的服务目录中搜索关键词，即可检索服务并使用服务。接入服务页面的条件包括开通服务搜索功能的公众号注册时间已满 6 个月并获得微信认证，以及服务不属于社交、医疗、游戏等类目。
- 接入服务槽位。不同行业的服务槽位具有不同的设计，以便提供丰富的展示样式。服务槽位接入示例如图 4-15 所示。当搜索关键词时，即可检索服务并使用服务槽位。在使用服务槽位前，必须满足如下服务槽位的申请标准：已接入服务搜索；保持接口和页面稳定，使接口的查询成功率达到 99% 以上；保护用户数据隐私；具备服务权威性，可提供对应的服务资质或授权资质；上个自然月的累积服务用户数量在 1 万以上。

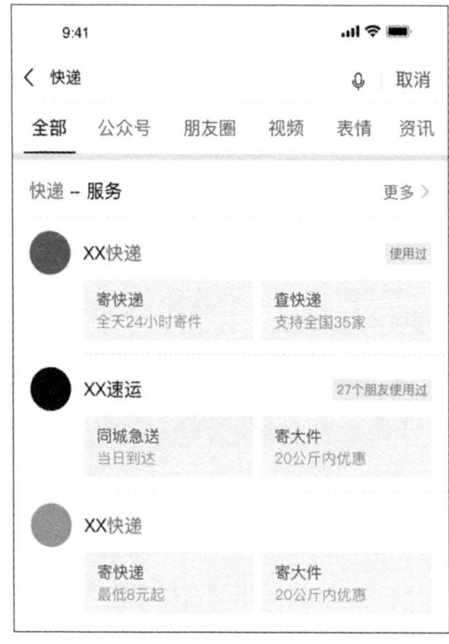

图 4-14　服务页面接入示例

图 4-15　服务槽位接入示例

注意

微信指数、文章阅读数、留言互动等数据的值虽然越高越好，但并不是绝对的，因为每次新内容的发布都会影响这些关键指标。申请原创保护可提升页面内容的权重，增加排名优势，可配合 SEO 技术的内容矩阵，尝试从样本内容集、机器训练内容集、验证内容集和测试内容集等 4 个维度制作内容集。

4.3 今日头条（新闻资讯）

常见的新闻资讯 App 包括今日头条、ZAKER、天天快报、一点资讯、腾讯新闻、新浪新闻、搜狐新闻、网易新闻、凤凰新闻、趣头条、东方头条等。因为今日头条具有独立的搜索引擎，且用户渗透率最高，所以本节以今日头条为例进行 SEO 说明。

4.3.1 头条搜索概述

头条搜索分为 13 个维度：综合、资讯、视频、图片、用户、问答、微头条、百科、音乐、西瓜视频、抖音视频、范围、时间。PC 端的头条搜索示例如图 4-16 所示。移动端的头条搜索示例如图 4-17 所示。

图 4-16 PC 端的头条搜索示例

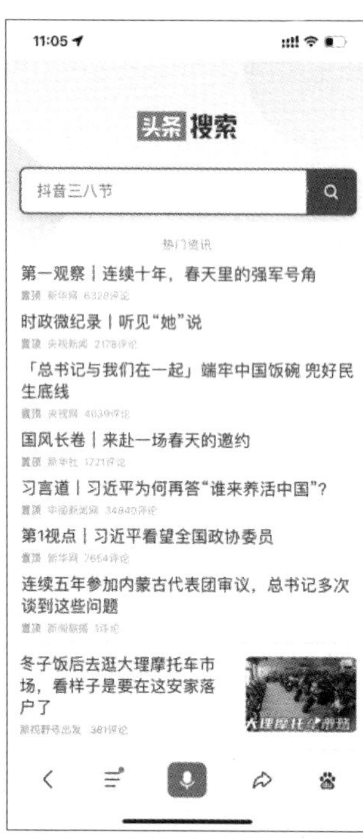

图 4-17　移动端的头条搜索示例

注意

头条号自带粉丝、推荐量、智能个性化推荐机制是今日头条的特殊生态属性，如图 4-18 所示。

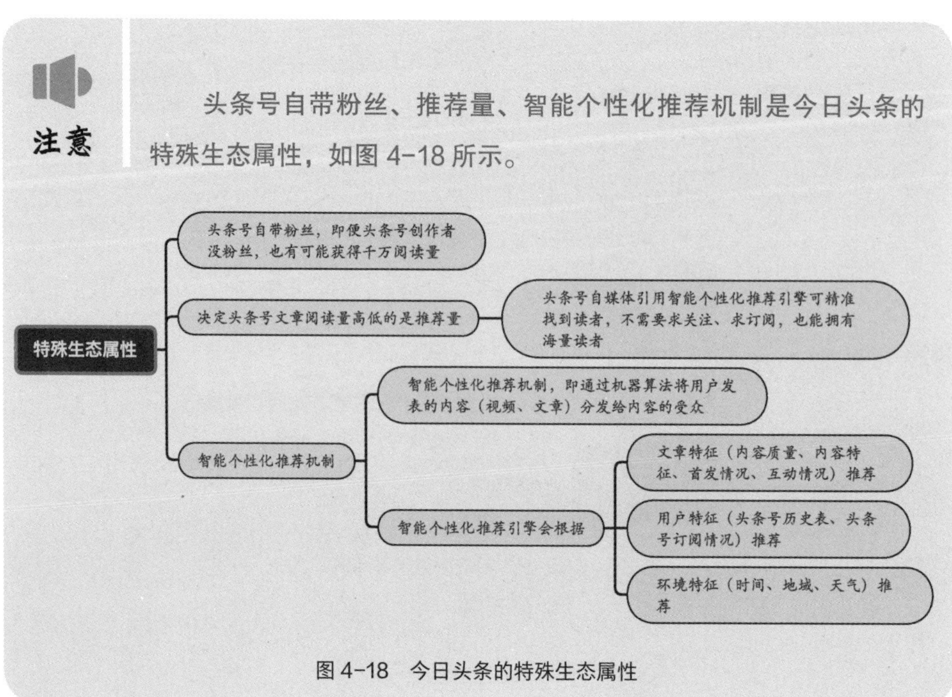

图 4-18　今日头条的特殊生态属性

4.3.2 平台规则

平台规则包括平台账号属性、平台内容、平台账号特权、平台推荐机制、平台禁忌、平台不鼓励内容等，如图 4-19 所示。下面主要对平台账号属性和平台账号特权进行说明。

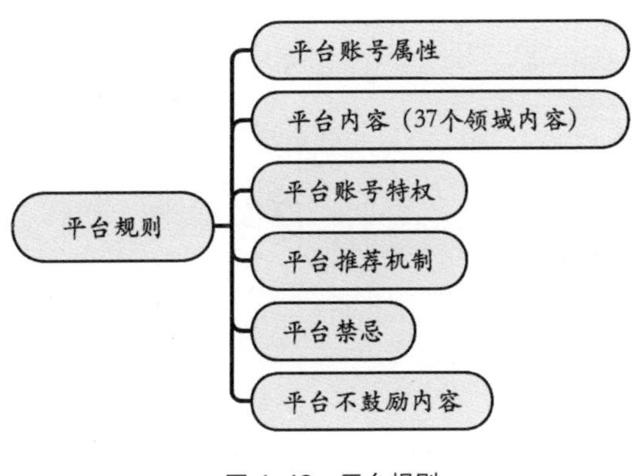

图 4-19 平台规则

◆ 平台账号属性分为 6 类，如图 4-20 所示，其中个人账号、群媒体账号、国家机构账号和新闻媒体账号获得排名占位的机会较大。

图 4-20 平台账号属性

◆ 平台账号特权包括5种：基础权益、百粉权益、千粉权益、万粉权益、五万粉权益，如图4-21所示。

注意：今日头条中的占位元素主要包括头条号文章、微头条、视频、头条百科、问答、广告位、全网资源等，如图4-22所示。

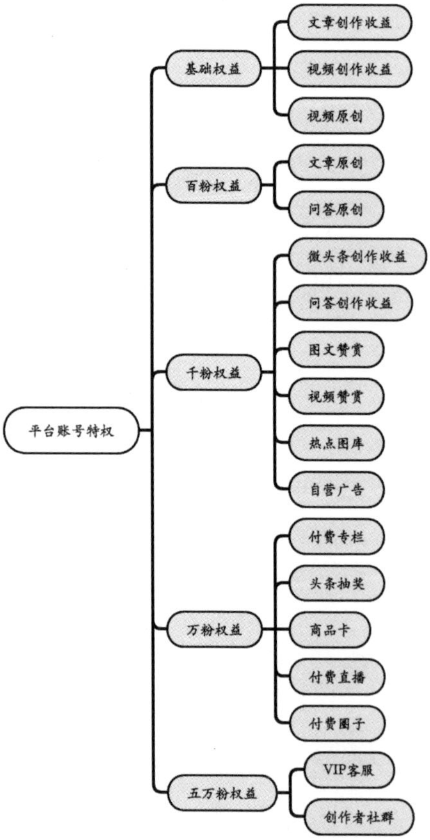

- 平台账号特权
  - 基础权益
    - 文章创作收益
    - 视频创作收益
    - 视频原创
  - 百粉权益
    - 文章原创
    - 问答原创
  - 千粉权益
    - 微头条创作收益
    - 问答创作收益
    - 图文赞赏
    - 视频赞赏
    - 热点图库
    - 自营广告
  - 万粉权益
    - 付费专栏
    - 头条抽奖
    - 商品卡
    - 付费直播
    - 付费圈子
  - 五万粉权益
    - VIP客服
    - 创作者社群

图4-21　平台账号特权

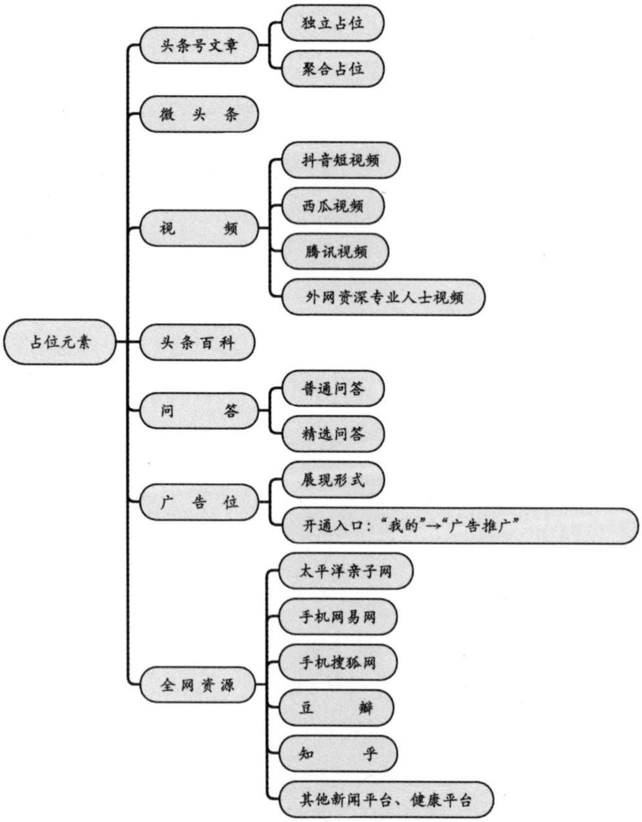

- 占位元素
  - 头条号文章
    - 独立占位
    - 聚合占位
  - 微　头　条
  - 视　　频
    - 抖音短视频
    - 西瓜视频
    - 腾讯视频
    - 外网资深专业人士视频
  - 头条百科
  - 问　　答
    - 普通问答
    - 精选问答
  - 广　告　位
    - 展现形式
    - 开通入口：“我的”→“广告推广”
  - 全网资源
    - 太平洋亲子网
    - 手机网易网
    - 手机搜狐网
    - 豆　　瓣
    - 知　　乎
    - 其他新闻平台、健康平台

图4-22　占位元素

4.3.3 机器推荐机制

在今日头条进行 SEO 之前，需要了解今日头条的机器推荐机制，即由机器在内容池中选址，通过识别关键词和用户特征来刻画用户画像。对机器推荐机制的描述如图 4-23 所示。

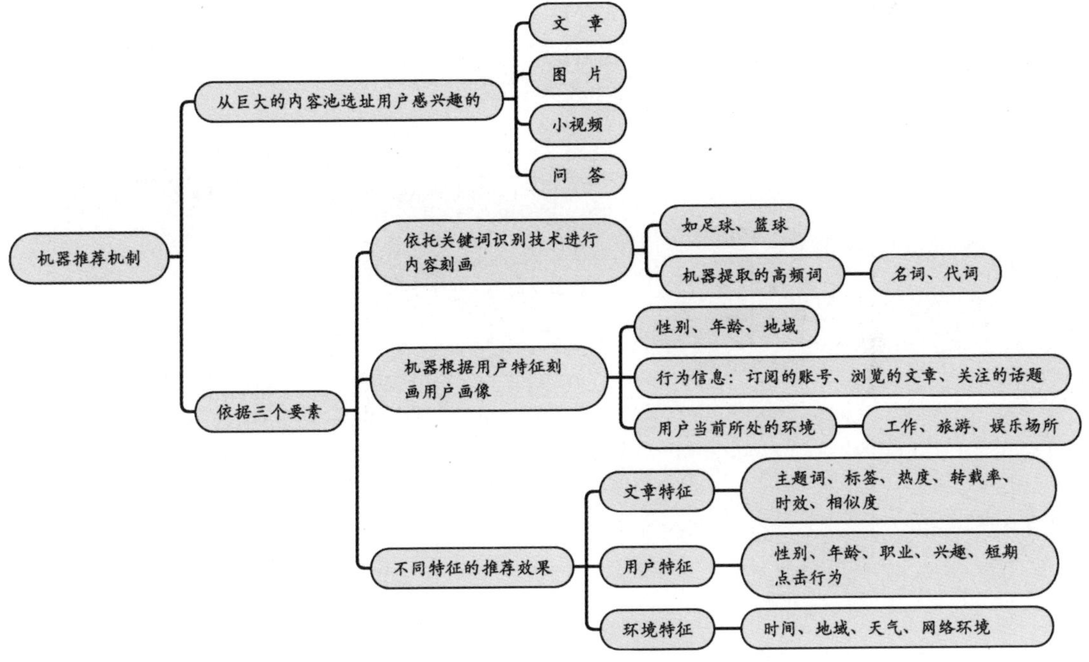

图 4-23 对机器推荐机制的描述

内容池中包括很多用户感兴趣的内容，如文章、图片、小视频、问答等。下面以文章为例，从文章的推荐过程、推荐过程中遇到的问题、获得高推荐的方法等方面对机器推荐机制进行说明。

1. 推荐过程

文章的推荐过程包括内容审核、冷启动、头条号指数、正常推荐、复审、二次推荐等环节，如图 4-24 所示。

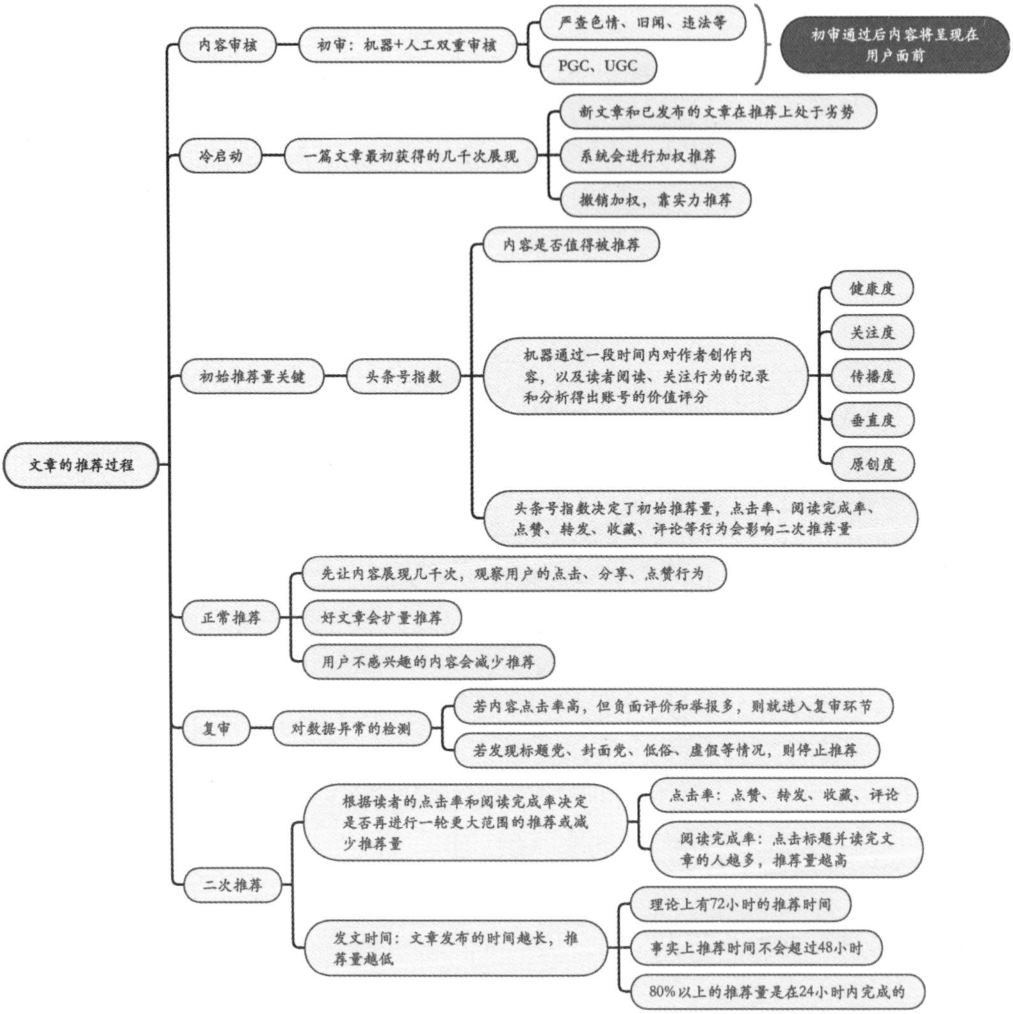

- 文章的推荐过程
  - 内容审核
    - 初审：机器+人工双重审核
      - 严查色情、旧闻、违法等
      - PGC、UGC
      - 初审通过后内容将呈现在用户面前
  - 冷启动
    - 一篇文章最初获得的几千次展现
      - 新文章和已发布的文章在推荐上处于劣势
      - 系统会进行加权推荐
      - 撤销加权，靠实力推荐
  - 初始推荐量关键
    - 头条号指数
      - 内容是否值得被推荐
      - 机器通过一段时间内对作者创作内容，以及读者阅读、关注行为的记录和分析得出账号的价值评分
        - 健康度
        - 关注度
        - 传播度
        - 垂直度
        - 原创度
      - 头条号指数决定了初始推荐量，点击率、阅读完成率、点赞、转发、收藏、评论等行为会影响二次推荐量
  - 正常推荐
    - 先让内容展现几千次，观察用户的点击、分享、点赞行为
    - 好文章会扩量推荐
    - 用户不感兴趣的内容会减少推荐
  - 复审
    - 对数据异常的检测
      - 若内容点击率高，但负面评价和举报多，则就进入复审环节
      - 若发现标题党、封面党、低俗、虚假等情况，则停止推荐
  - 二次推荐
    - 根据读者的点击率和阅读完成率决定是否再进行一轮更大范围的推荐或减少推荐量
      - 点击率：点赞、转发、收藏、评论
      - 阅读完成率：点击标题并读完文章的人越多，推荐量越高
    - 发文时间：文章发布的时间越长，推荐量越低
      - 理论上有72小时的推荐时间
      - 事实上推荐时间不会超过48小时
      - 80%以上的推荐量是在24小时内完成的

图 4-24　文章的推荐过程

2. 推荐过程中遇到的问题

今日头条在进行文章推荐时会遇到很多问题，包括消除重复、同类文章挤压、内容本身问题、复审拦截和其他方面的问题，如图 4-25 所示。

3. 如何获得高推荐

在今日头条进行文章推荐时，如何让自己的文章获得高推荐呢？获得高推荐的方法如图 4-26 所示。

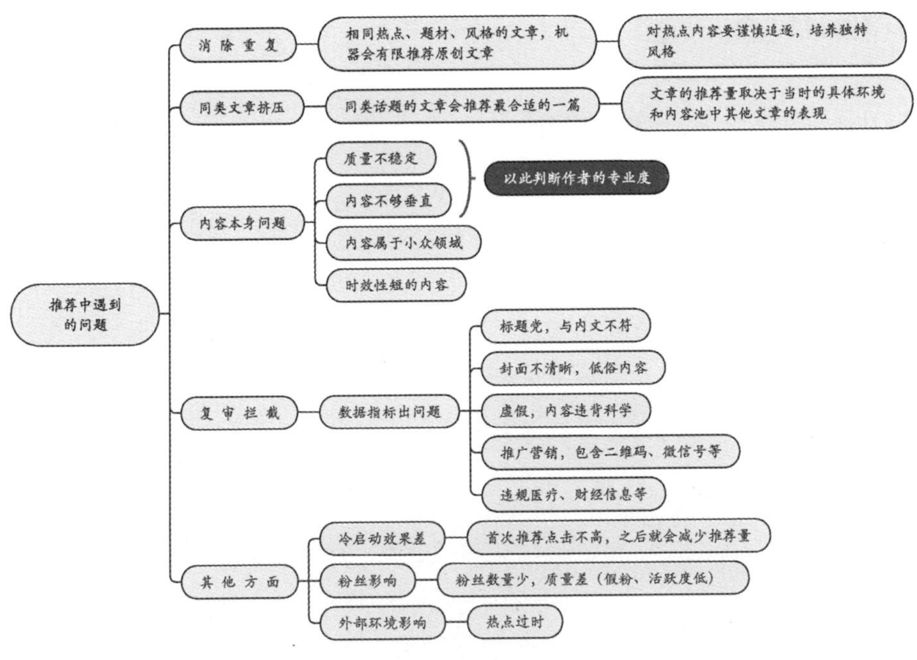
推荐中遇到的问题
消除重复
相同热点、题材、风格的文章，机器会有限推荐原创文章
对热点内容要谨慎追逐，培养独特风格
同类文章挤压
同类话题的文章会推荐最合适的一篇
文章的推荐量取决于当时的具体环境和内容池中其他文章的表现
内容本身问题
质量不稳定
内容不够垂直
以此判断作者的专业度
内容属于小众领域
时效性短的内容
复审拦截
数据指标出问题
标题党，与内文不符
封面不清晰，低俗内容
虚假，内容违背科学
推广营销，包含二维码、微信号等
违规医疗、财经信息等
其他方面
冷启动效果差
首次推荐点击不高，之后就会减少推荐量
粉丝影响
粉丝数量少，质量差（假粉、活跃度低）
外部环境影响
热点过时

图 4-25 推荐过程中遇到的问题

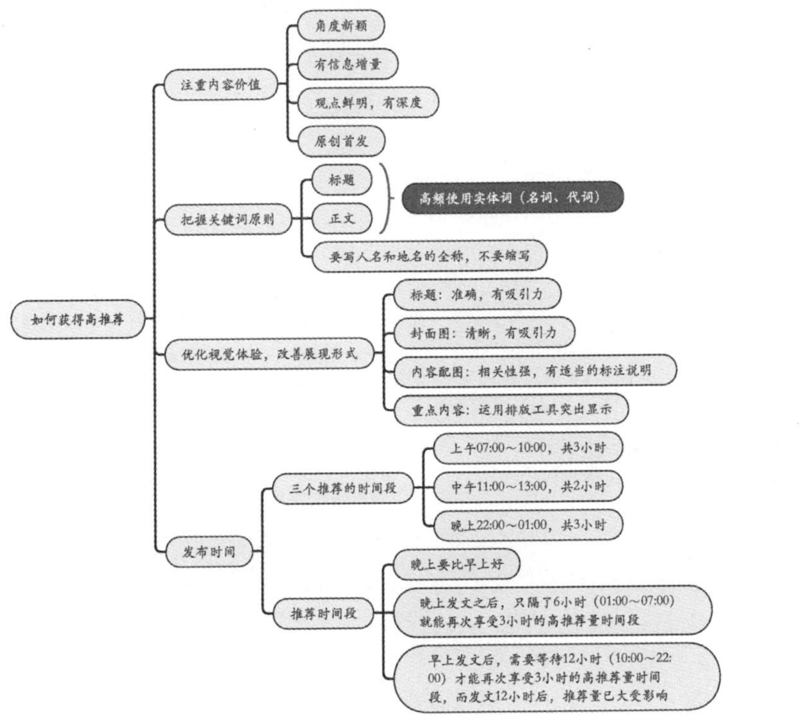
如何获得高推荐
注重内容价值
角度新颖
有信息增量
观点鲜明，有深度
原创首发
把握关键词原则
标题
正文
高频使用实体词（名词、代词）
要写人名和地名的全称，不要缩写
优化视觉体验，改善展现形式
标题：准确，有吸引力
封面图：清晰，有吸引力
内容配图：相关性强，有适当的标注说明
重点内容：运用排版工具突出显示
发布时间
三个推荐的时间段
上午07:00～10:00，共3小时
中午11:00～13:00，共2小时
晚上22:00～01:00，共3小时
推荐时间段
晚上要比早上好
晚上发文之后，只隔了6小时（01:00～07:00）就能再次享受3小时的高推荐量时间段
早上发文后，需要等待12小时（10:00～22:00）才能再次享受3小时的高推荐量时间段，而发文12小时后，推荐量已大受影响

图 4-26 获得高推荐的方法

4.3.4 SEO 步骤

在今日头条中进行 SEO 的思路如下。

- 搭建并激活头条产品矩阵，如悟空问答、头条百科、头条号、火山、抖音、微头条等。
- 满足头条站长平台的要求。
- 有效利用今日头条的搜索政策。
- 落地页面符合移动端页面的基本规范。

有了以上思路后，下面介绍在今日头条中进行 SEO 的常用步骤。

步骤 1: 制定今日头条 SEO 的目标和 KPI。

步骤 2: 制定可执行性工作计划。

步骤 3: 设置基础的 SEO 元素，即关键词，以母婴产品为例，具体的操作如图 4-27 所示。

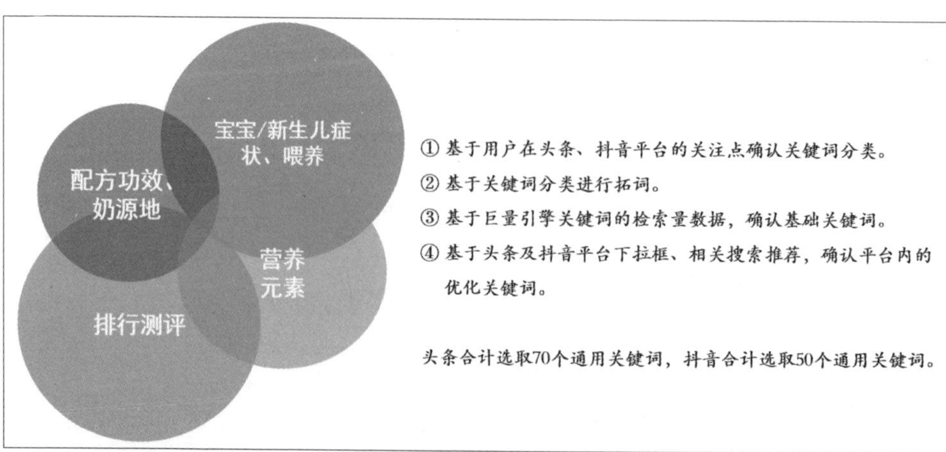

图 4-27　设置基础的 SEO 元素

步骤 4: 优化页面，使其符合页面规范，具体的优化细节如下。

- 提高可访问度：可访问度用于衡量用户是否能够顺利看到页面，可优化页面的可用性、打开成本、访问速度，并且首屏的加载时间不得超过 2 秒。
- 设置权限页：为了提高获取信息的效率，用户需要直接获得信息，不需要额外付出成本，也不可强制用户登录或注册。图 4-28 为不符合规范的权限页。
- 不得出现弹窗遮挡：在用户进入详情页时，可以直接看到主体内容，不得出现弹窗、悬浮窗遮挡主体。
- 适配移动端：页面需要适配移动端，不需要用户手动放大或缩小页面。图 4-29 为不适配移动端的页面。

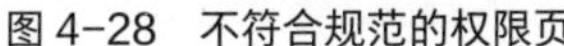

图 4-28 不符合规范的权限页

图 4-29 不适配移动端的页面

- 优化广告：广告主要分为弹窗广告和页面内嵌广告。过多的广告会引起用户反感，甚至影响用户浏览、查找主体内容。影响用户浏览主体内容的广告如图 4-30 所示。此时用户很容易误打开页面下方的广告。如果强制用户浏览弹窗广告，则会在很大程度上影响用户体验。优化广告时需要注意，首屏广告的面积不得超过页面总面积的 20%。

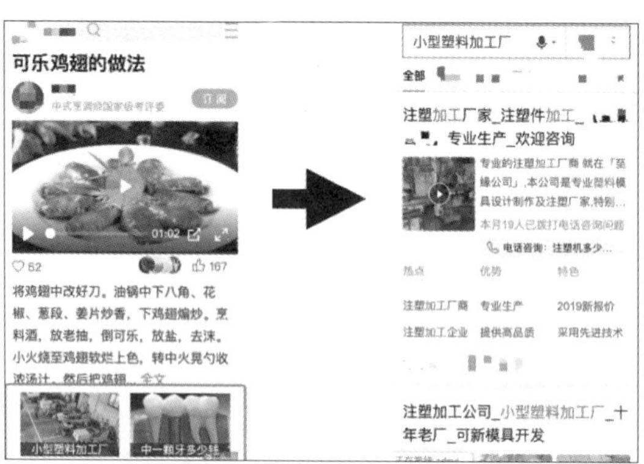

图 4-30　影响用户浏览主体内容的广告

◆ 避免强制打开其他 App：避免引导用户打开或下载其他 App 后才能阅读全文的行为，如图 4-31 所示，即用户无法在今日头条内阅读全文，必须打开其他 App，不仅增加了用户的搜索成本，还严重破坏了用户的搜索体验。

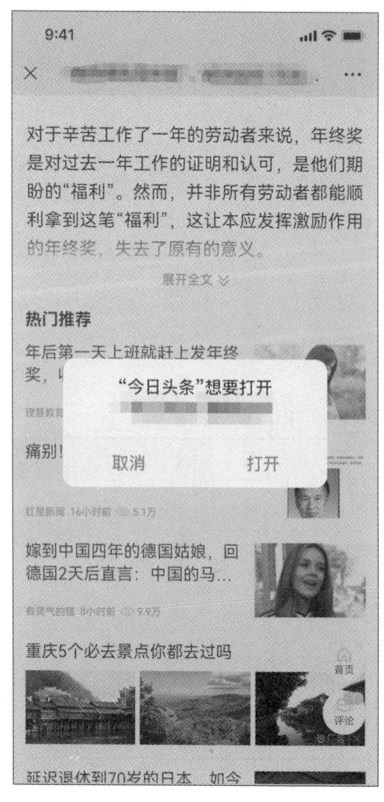

图 4-31　用户无法在今日头条内阅读全文

☞ **步骤 5：** 数据提交，即及时向爬虫提交 Sitemap 文件和死链，在 <head> 标签中提交时间因子代码，帮助站点收录、展示时间字段，有助于站点优化落地页。时间因子代码如下：

```
<meta property="bytedance:published_time" content="2014-12-11T12:28:44+01:00" />
<meta property="bytedance:lrDate_time" content="2017-03-13T15:01:40+01:00" />
<meta property="bytedance:updated_time" content="2017-03-13T15:01:40+01:00" />
```

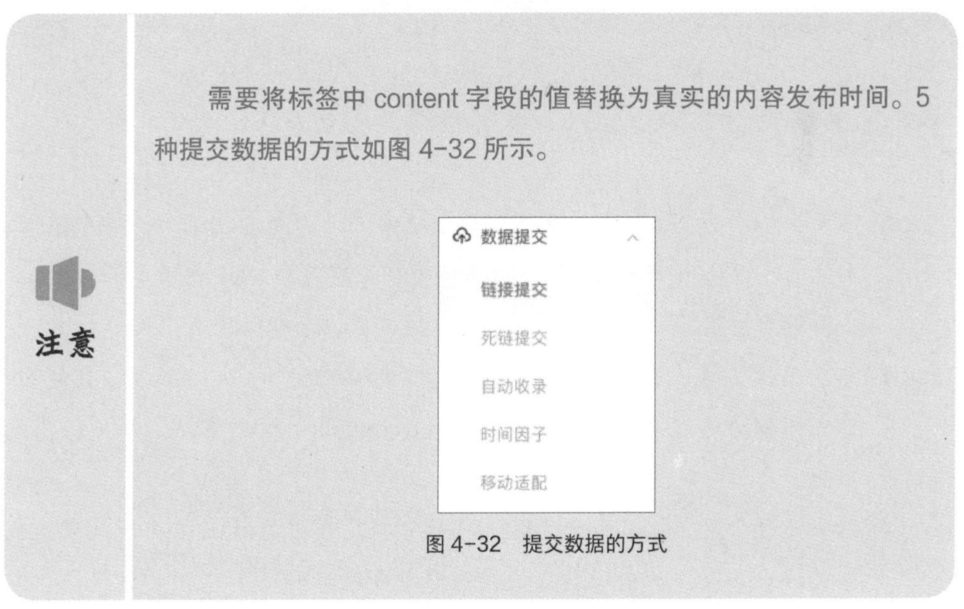

注意
需要将标签中 content 字段的值替换为真实的内容发布时间。5 种提交数据的方式如图 4-32 所示。
数据提交
链接提交
死链提交
自动收录
时间因子
移动适配

图 4-32　提交数据的方式

☞ **步骤 6：** 数据监控与优化（详请可参考头条站长平台）。今日头条中的索引量数据每天更新一次，可在次日上午的 10 点之后查看索引量。索引量出现轻微波动属于正常现象，若发现数据异常，如巨大波动，则可发送邮件进行相关询问。索引量的查询入口如图 4-33 所示。

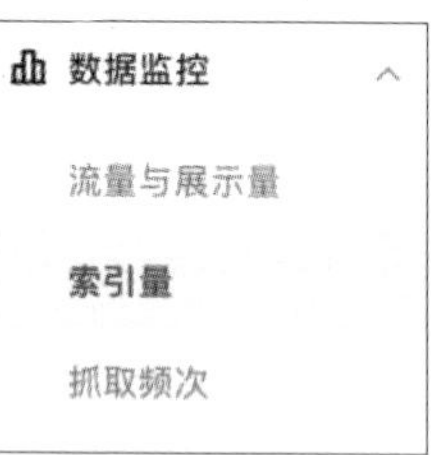

图 4-33　索引量的查询入口

注意

百度搜索会基于用户的需求和资源的质量等因素对索引数据进行评估，不定期更新数据库，删除低质量、没有需求的资源，增加高质量、用户有需求的资源。因此，索引量出现轻微波动是十分正常的，不必过分紧张。

☞ **步骤 7：** 搜索展现优化（详请可参考头条站长平台）。优化工具如下。

- 官网认证工具：如果官网没有被头条搜索收录，或者收录后的排序较低，则站长可以使用官网认证工具，将官网的关键词和 URL 提交给头条搜索。头条搜索按照既定的标准审核，审核通过后，会在结果页中展示。
- 站点属性工具：站点属性工具可提供站点标题、站点摘要、站点封面、站点图标。通过 ICP（Internet Content Provider）检测的站点均可使用此功能。
- 站点子链工具：使用站点子链工具后可将优质链接提交给头条搜索，优质链接在头条搜索中以站点子链的形式展现，如图 4-34 所示，提高优质链接的权威性、流量和用户体验。由于头条搜索会对提交的链接进行仔细评估，并将其作为重要的参考依据，因此建议优先填写最重要的链接。

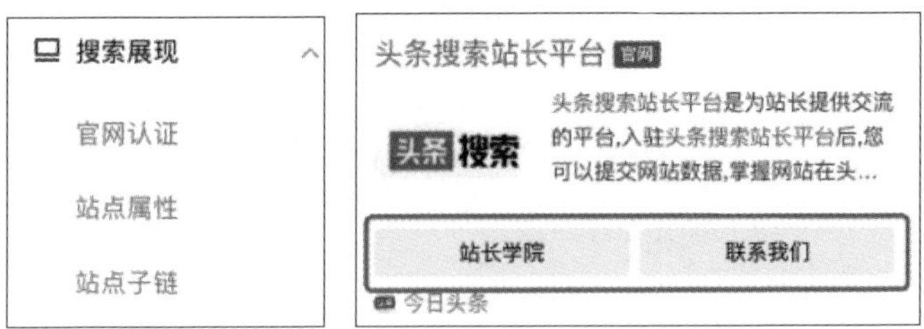

图 4-34 优质链接在头条搜索中以站点子链的形式展现

☞ **步骤 8：** 优化内容格式，使内容条理清晰。

☞ **步骤 9：** 定期更新落地页，并新增外链，以便增加页面的权重。

☞ **步骤 10：** 监测搜索排名，并总结经验。

4.4 小红书（种草社区）

4.4.1 小红书搜索概述

小红书是年轻人的种草社区，拥有大量的用户和笔记内容，是品牌方营销的重要阵地，类似的种草社区还有很多，如值得买、洋码头、蘑菇街、美丽说等。本节以小红书为例，介绍种草社区的搜索引擎优化方法。

对小红书用户的分析数据如图 4-35 所示。

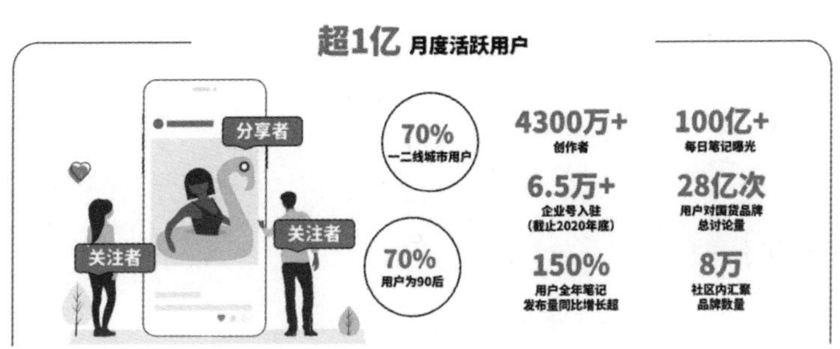

图 4-35 对小红书用户的分析数据

注意

小红书的常见工具包括小红书微博、小红书微信公众号、小红书微信小程序。

在小红书平台内容的基础上搜索，既可寻找合适的场景，加入品牌或产品内容，也可将相关的信息生产或包装为可消费、可讨论的形式，提供给用户。

在小红书中进行SEO的意义重大，可在多个平台（如百度、搜狗、360、微信等）进行占位、露出等操作，为小红书的笔记内容获得流量。在小红书中进行SEO的效果，如图4-36所示。

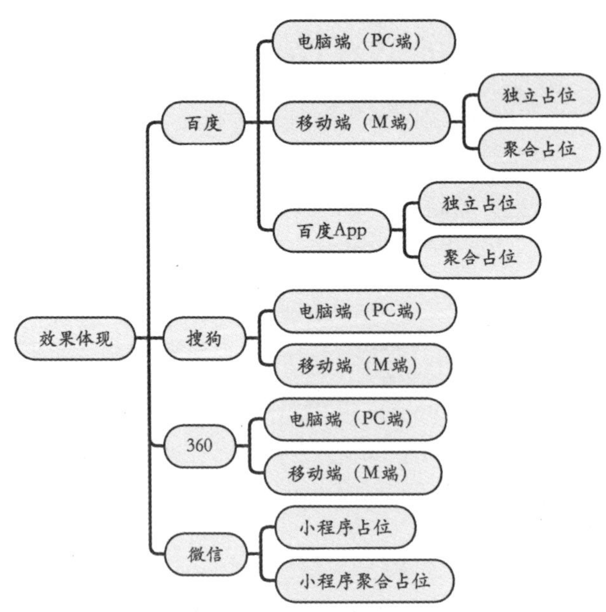

图4-36 在小红书进行SEO的效果体现

4.4.2 平台规则

小红书中的搜索包括搜索入口和搜索分类：搜索入口包括首页和商城；搜索分类包括全部搜索、商城搜索和用户搜索，如图4-37所示。

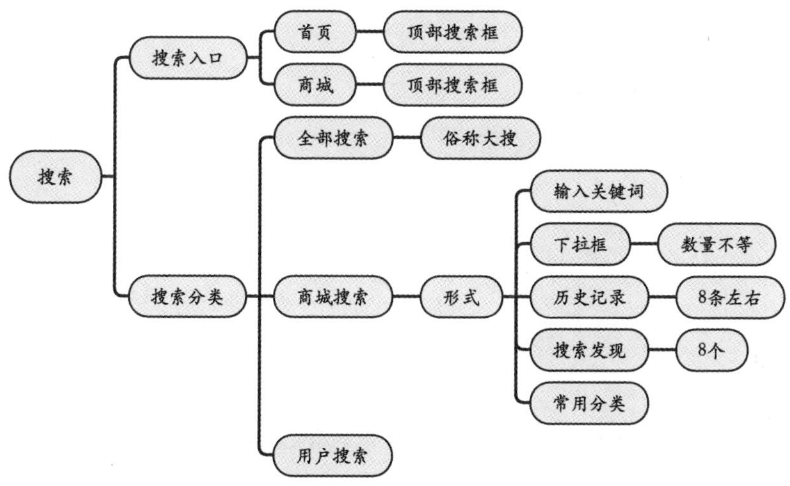

图 4-37　小红书中的搜索

◆ 全部搜索，俗称大搜，搜索形式包括历史记录、搜索发现、下拉框和相关搜索等，如图 4-38 所示。全部搜索的分类包括一级筛选和二级筛选，如图 4-39 所示：一级筛选包括综合、最热、最新、视频和图文；二级筛选均为变量。全部搜索的搜索结果包括视频笔记和图文笔记，都有外层和落地页两种形式，如图 4-40 所示。

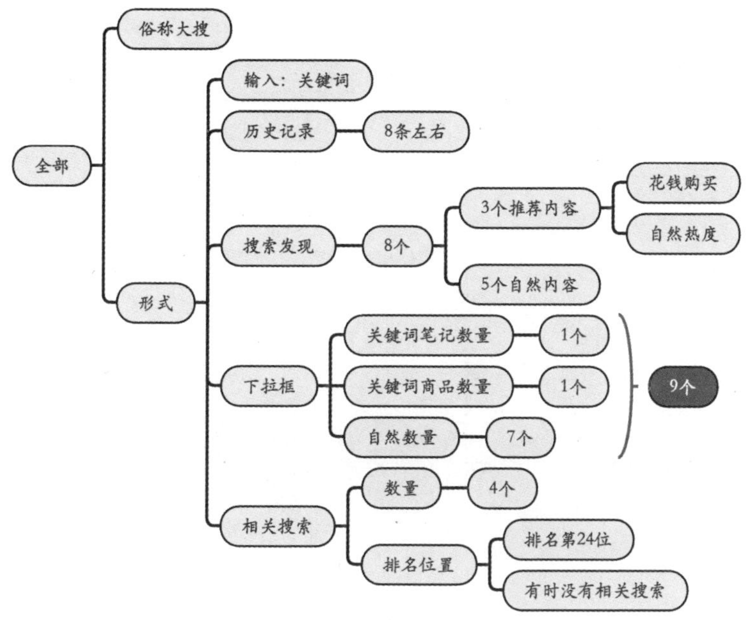

图 4-38　全部搜索的搜索形式

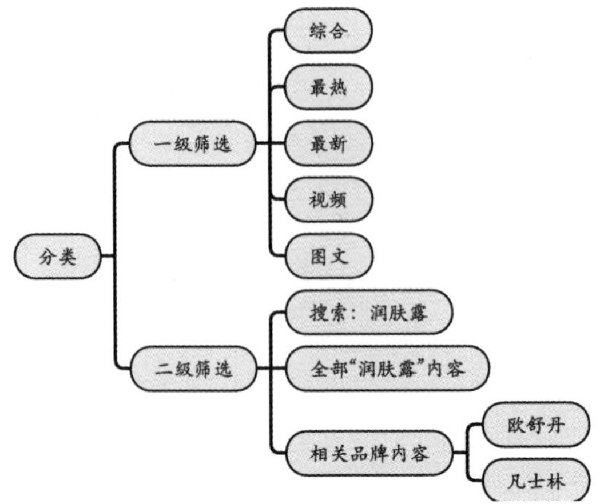

图 4-39　全部搜索的分类

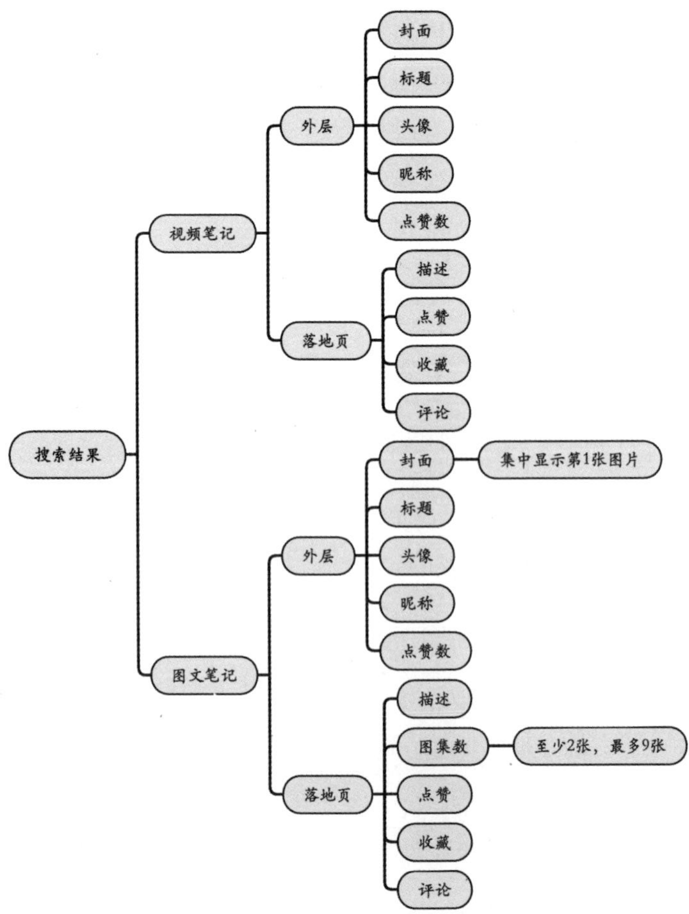

图 4-40　全部搜索的搜索结果

◆ 商城搜索的形式包括下拉框、历史记录、搜索发现和常用分类，如图 4-41 所示。商城搜索的分类包括综合、销量、种草数、自营和筛选，如图 4-42 所示。

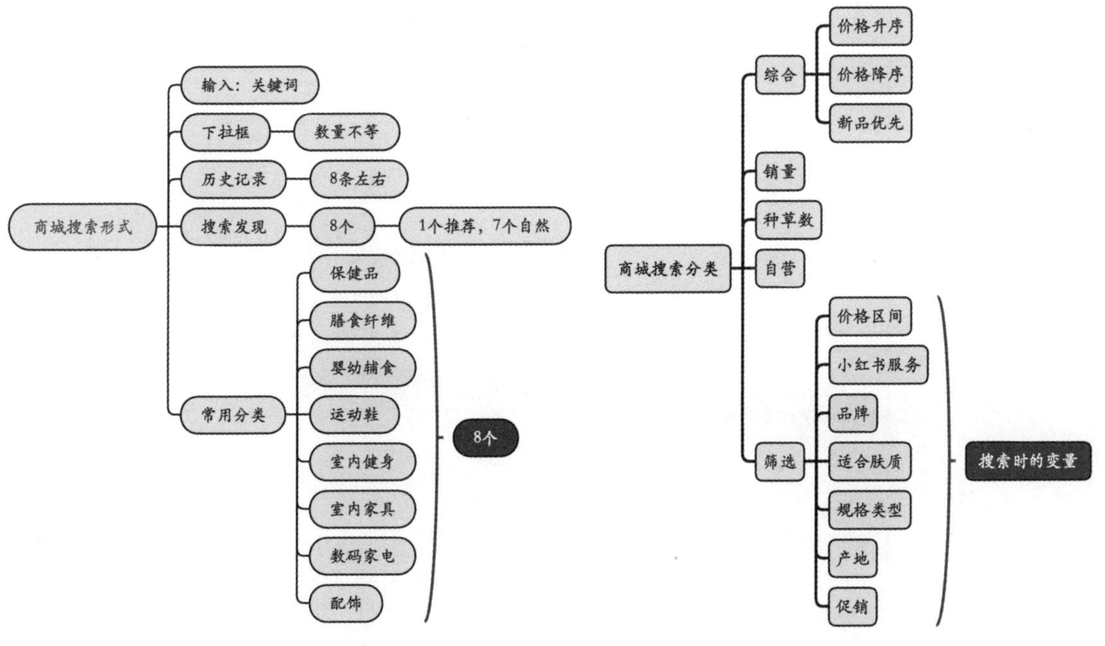

图 4-41 商城搜索的形式

图 4-42 商城搜索的分类

影响小红书中内容排名的因素如图 4-43 所示。换句话说，账号权重和笔记权重共同决定了笔记的流量获取能力和传播周期。账号权重由账号本身完善度、账号原创度、账号定位垂直专业度、内容质量度、账号活跃度、账号级别、签约 MCN 或获得品牌合作资格决定。笔记权重由图文 / 视频原创度、转化率、关键词、热门或垂直标签、话题、违禁词决定。

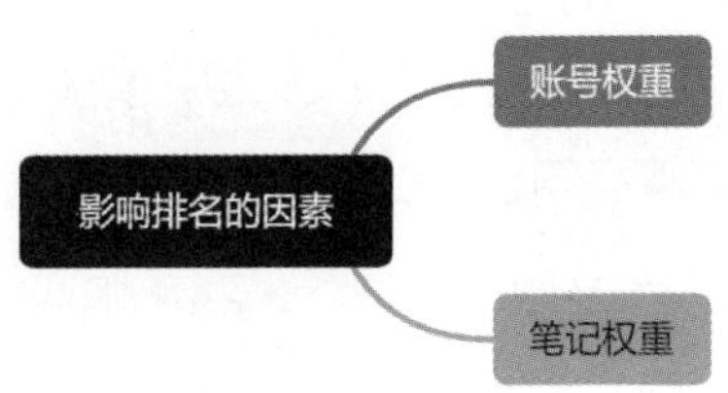

图 4-43 影响小红书中内容排名的因素

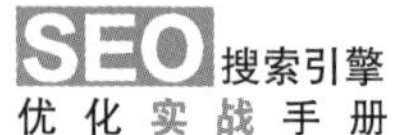

◆ 对账号权重的详细介绍如图 4-44 所示。

◆ 对笔记权重的详细介绍如图 4-45 所示。

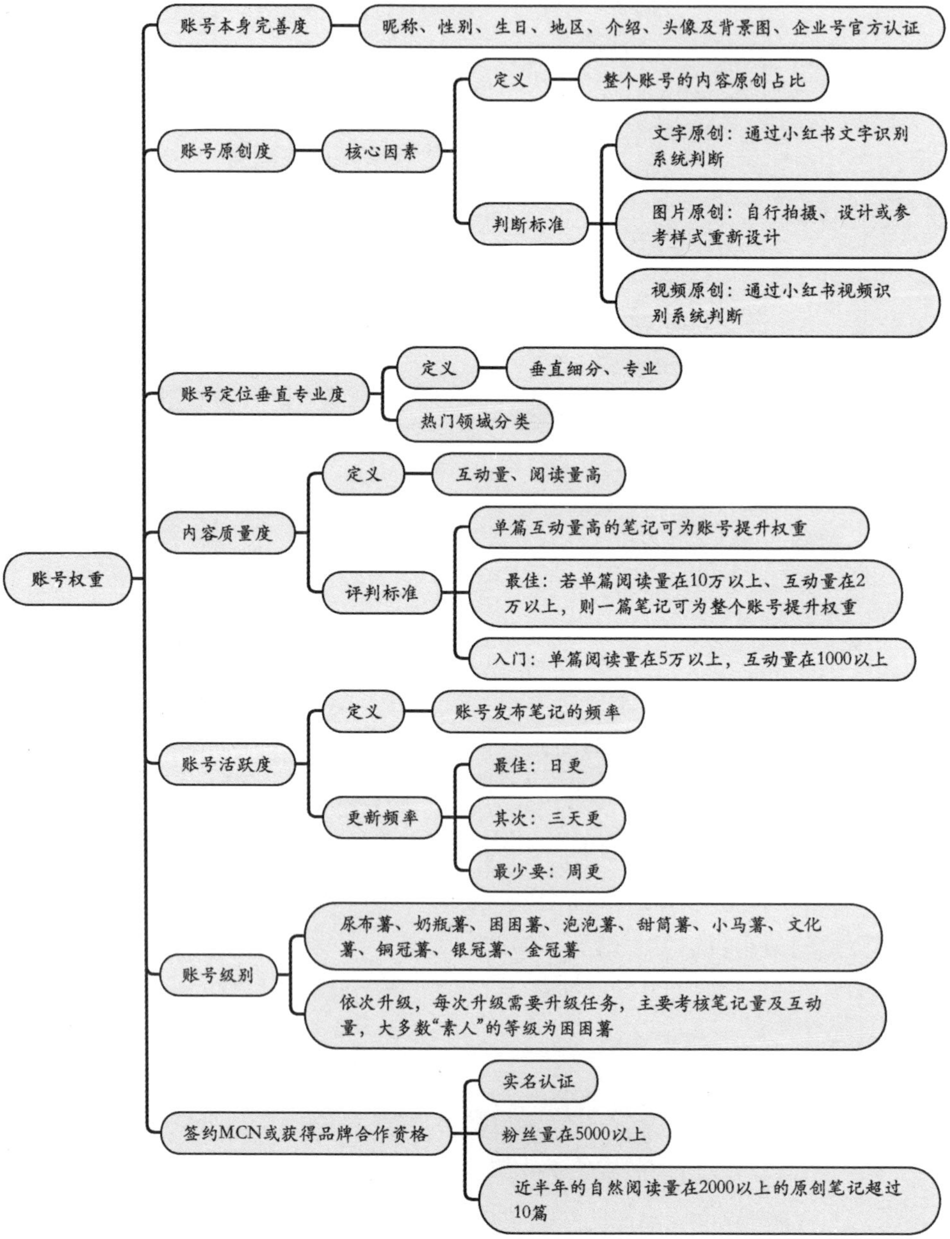

- 账号权重
  - 账号本身完善度
    - 昵称、性别、生日、地区、介绍、头像及背景图、企业号官方认证
  - 账号原创度
    - 核心因素
      - 定义
        - 整个账号的内容原创占比
      - 判断标准
        - 文字原创：通过小红书文字识别系统判断
        - 图片原创：自行拍摄、设计或参考样式重新设计
        - 视频原创：通过小红书视频识别系统判断
  - 账号定位垂直专业度
    - 定义
      - 垂直细分、专业
    - 热门领域分类
  - 内容质量度
    - 定义
      - 互动量、阅读量高
    - 评判标准
      - 单篇互动量高的笔记可为账号提升权重
      - 最佳：若单篇阅读量在10万以上、互动量在2万以上，则一篇笔记可为整个账号提升权重
      - 入门：单篇阅读量在5万以上，互动量在1000以上
  - 账号活跃度
    - 定义
      - 账号发布笔记的频率
    - 更新频率
      - 最佳：日更
      - 其次：三天更
      - 最少要：周更
  - 账号级别
    - 尿布薯、奶瓶薯、困困薯、泡泡薯、甜筒薯、小马薯、文化薯、铜冠薯、银冠薯、金冠薯
    - 依次升级，每次升级需要升级任务，主要考核笔记量及互动量，大多数“素人”的等级为困困薯
  - 签约MCN或获得品牌合作资格
    - 实名认证
    - 粉丝量在5000以上
    - 近半年的自然阅读量在2000以上的原创笔记超过10篇

图 4-44 账号权重的详细介绍

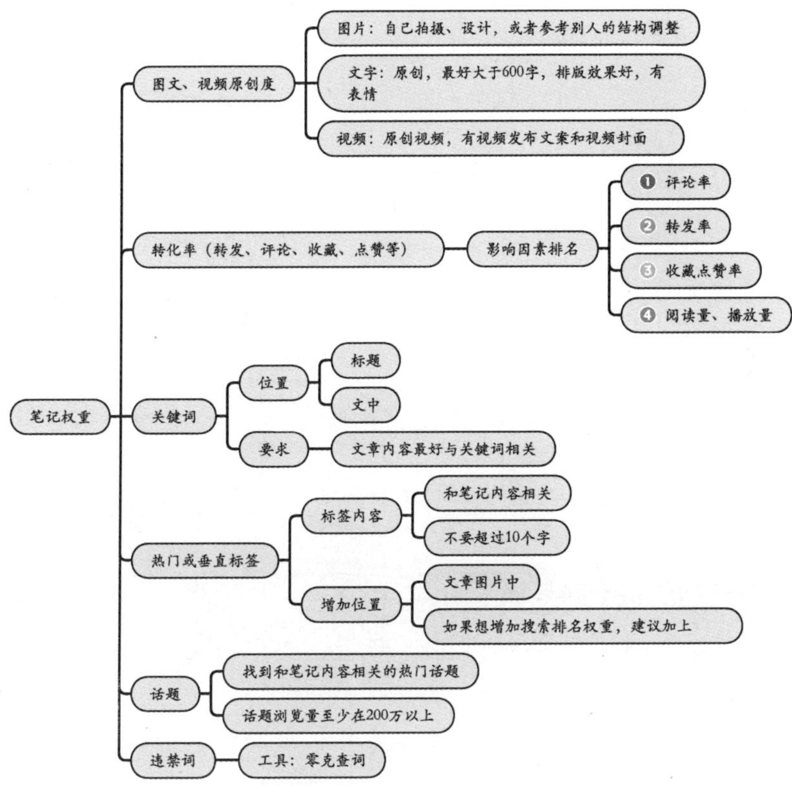

图 4-45 笔记权重的详细介绍

在小红书中提交笔记审核的过程需要经历多个步骤，如图 4-46 所示。

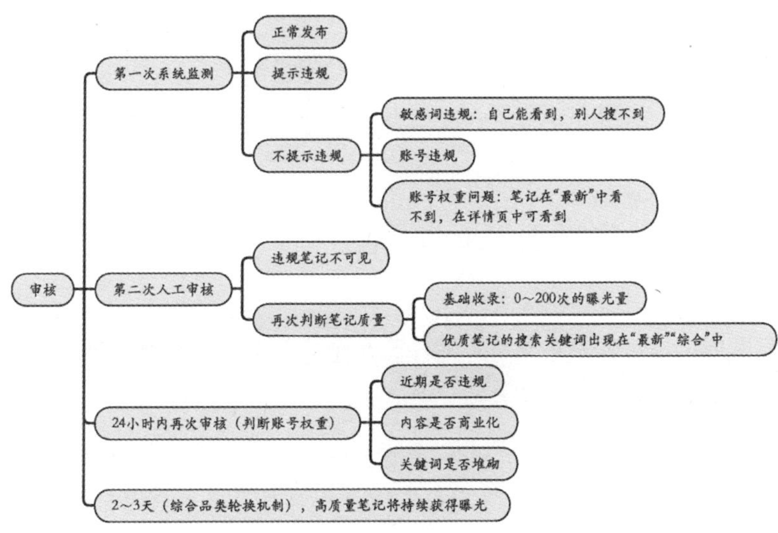

图 4-46 在小红书中提交笔记审核的过程

小红书首页推荐的版块如图 4-47 所示。

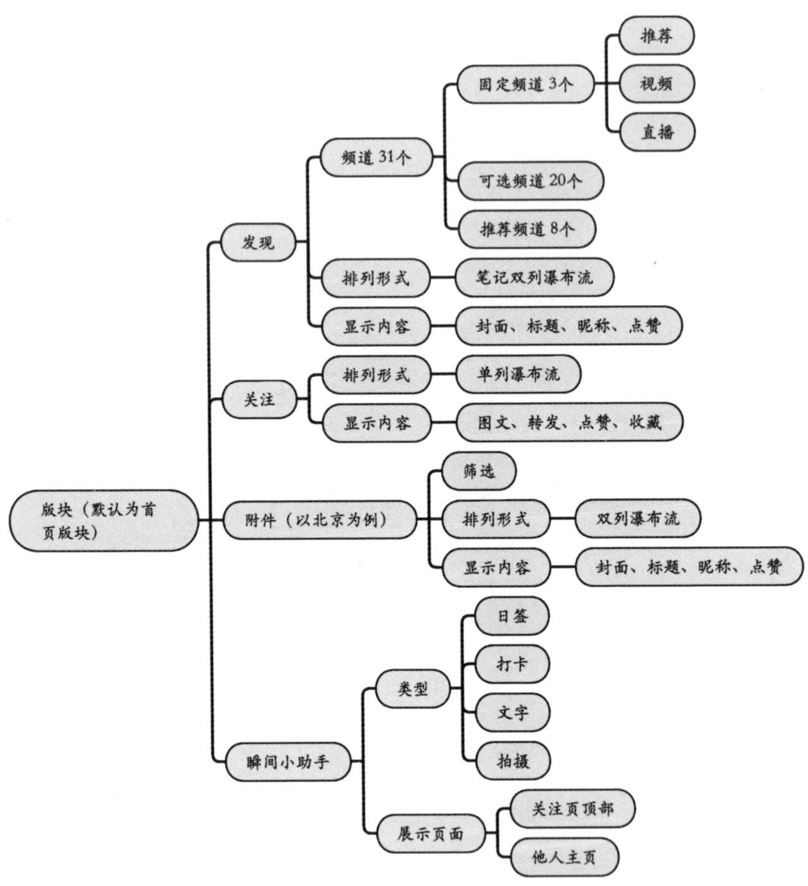

图 4-47　小红书首页推荐的版块

4.4.3　SEO 步骤

在小红书中进行 SEO 的常见思路如下。

- 有几个客户或业务类型就应该设置几个账号，被称为账号矩阵。
- 在笔记中要多加视频，且图文要合规。
- 对小红书来说，内容就是小红书的产品，内容生产即内容消费。
- 整合利用小红书的营销工具和渠道，如蒲公英平台、薯条推广工具、优质达人资源等。

有了以上思路后，下面介绍在小红书中进行 SEO 的常用步骤。

☞ **步骤 1：** 设定小红书的运营目标。短期目标包括涨粉、新增评论（收藏）、引流、导流等。长期目标包括私域变现、完成销售指标等。

☞ **步骤 2：** 将目标拆解成可执行的工作计划。

☞ **步骤 3：** 规划账号的内容方向，并按照业务的维度拆解到业务的最细颗粒度，并匹配对应的内容单元。以留学类账号为例，图 4-48 展示了拆解后的内容方向，图 4-49 展示了拆解后的内容单元。

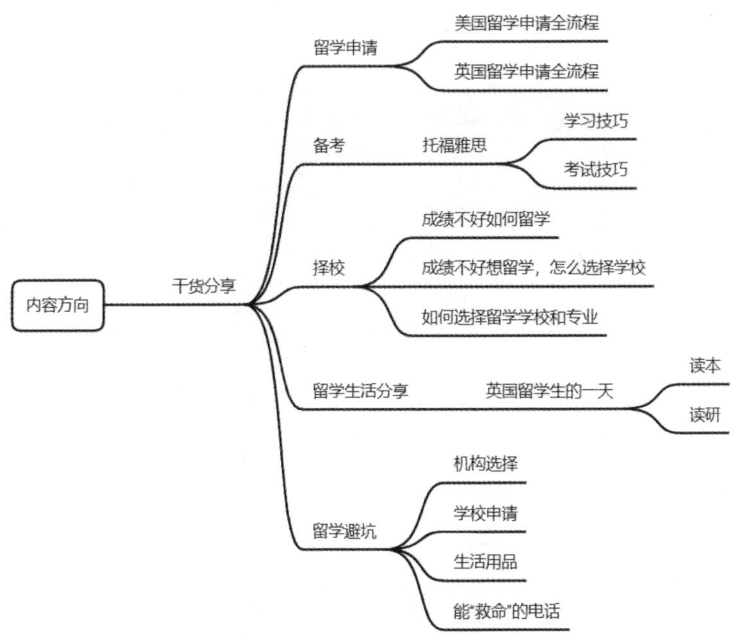

图 4-48　拆解后的内容方向

KPI	月	周	合集	序号	定位	方向	话题	选题	标题
涨粉+询盘	M2	M1-W1	申请（上）	1	留学小白	留学中介	必问中介30问	#留学小白问中介的问题#	留学申请丨必问中介30个问题（上），赶紧GET
			申请（下）	2	留学小白	留学中介	必问中介30问	#留学小白问中介的问题#	留学申请丨必问中介30个问题（下），赶紧GET
			推荐学校（上）	3	想了解学校的学生	院校推荐	TOP15院校好进吗?	#加拿大院校推荐#	加拿大TOP15院校推荐（上）丨神级整理赶紧GET
		M1-W2	推荐学校（下）	4	想了解学校的学生	院校推荐	TOP15院校好进吗?	#加拿大院校推荐#	加拿大TOP15院校推荐（下）丨神级整理赶紧GET
			申请规划（上）	5	留学小白	干货分享	16个步骤能让你成功	#留学规划#	2022超全留学规划?丨16个步骤教你成功（上）
			申请规划（中）	6	留学小白	干货分享	17个步骤能让你成功	#留学规划#	2022超全留学规划?丨16个步骤教你成功（中）
		M1-W3	申请规划（下）	7	留学小白	干货分享	18个步骤能让你成功	#留学规划#	2023超全留学规划?丨16个步骤教你成功（中）
			药品清单（上）	8	独自在外的留学生	实用性强	出国留学这些药必须得拿	#留学必备药品#	加拿大药品清单（上）丨这些可别带小心被抓
			药品清单（中）	9	独自在外的留学生	实用性强	出国留学这些药必须得拿	#留学必备药品#	加拿大药品清单（中）丨这些可别带小心被抓
		M1-W4	药品清单（下）	10	独自在外的留学生	实用性强	出国留学这些药必须得拿	#留学必备药品#	加拿大药品清单（下）丨这些可别带小心被抓
			留学小习惯	11	初到英国的学生	避坑指南	这些小习惯必须知道	#英国留学小习惯#	抄作业啦！英国留学生活必须养成的10个习惯
				12					

图 4-49　拆解后的内容单元

☞ **步骤 4：** 图文笔记包括文字和图片，在发布时要符合图文笔记的发布要求。图文笔记的发布要求如图 4-50 所示。

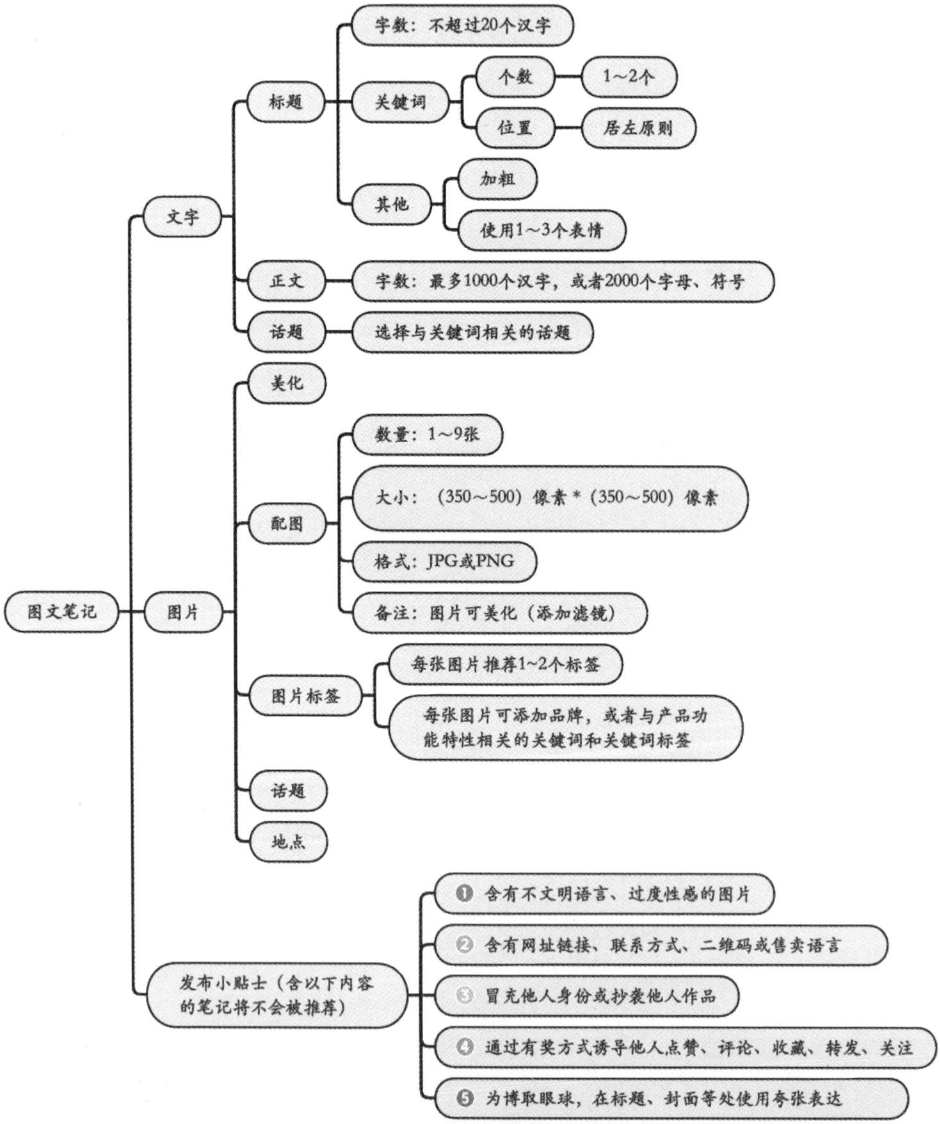

- 图文笔记
  - 文字
    - 标题
      - 字数：不超过20个汉字
      - 关键词
        - 个数 — 1～2个
        - 位置 — 居左原则
      - 其他
        - 加粗
        - 使用1～3个表情
    - 正文 — 字数：最多1000个汉字，或者2000个字母、符号
    - 话题 — 选择与关键词相关的话题
  - 图片
    - 美化
    - 配图
      - 数量：1～9张
      - 大小：（350～500）像素 *（350～500）像素
      - 格式：JPG或PNG
      - 备注：图片可美化（添加滤镜）
    - 图片标签
      - 每张图片推荐1~2个标签
      - 每张图片可添加品牌，或者与产品功能特性相关的关键词和关键词标签
    - 话题
    - 地点
  - 发布小贴士（含以下内容的笔记将不会被推荐）
    - ❶ 含有不文明语言、过度性感的图片
    - ❷ 含有网址链接、联系方式、二维码或售卖语言
    - ❸ 冒充他人身份或抄袭他人作品
    - ❹ 通过有奖方式诱导他人点赞、评论、收藏、转发、关注
    - ❺ 为博取眼球，在标题、封面等处使用夸张表达

图 4-50　图文笔记的发布要求

☞ **步骤 5：** 在小红书中制作视频类型的笔记时，对视频提出了具体要求。视频越符合要求，越容易获得流量支持。视频笔记的发布要求如图 4-51 所示。

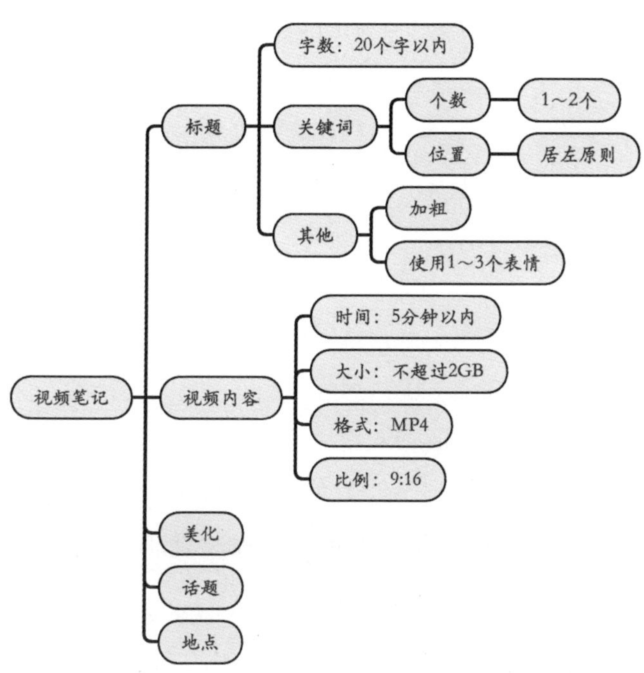

图 4-51 视频笔记的发布要求

☞ **步骤 6：**收录优化，主动将数据提交给站外爬虫。

☞ **步骤 7：**日常监测收录、排名、外链、互动数据等。

☞ **步骤 8：**分析数据并总结经验，生成数据分析表，并根据该表进行改善和优化。数据分析表如图 4-52 所示。

KPI	月	周	序号	情况	分析	行动
涨粉+询盘	M1	M1-W1	1	澳洲留学必备药品浏览量过500	1.内容的实用性 2.系统推送垂直人群 3.内容高垂直度 4.风格小红书化	将下周的内容做颗粒度调整
			2	头图样式	笔记头图目前样式容易被屏蔽掉	将笔记头图的风格变换一下
			3	头图样式		
		M1-W2	4	浏览量偏低	前期内容不够垂直，影响后续笔记权重	下周细化垂直度
			5	浏览量偏低	1.图片不清晰 2.字体较小	1.后续重新调整图片清晰度 2.已开始调整字体和大小，看后续呈现情况
			6	收藏点赞少	内容不够吸引人	继续推进新内容选题
		M1-W3	7	收藏点赞少		
			8	阅读量偏低	官方可能存在限流行为	需继续发布垂直内容稿件
			9			
		M1-W4	10	点赞评论较少	假期期间，小红书推荐浏览量变低	
			11			

图 4-52 数据分析表

4.4.4 算法机制

搜索时，小红书为用户提供了丰富的算法机制和良好的搜索体验。常见的算法有千人千面算法、波纹算法（涟漪算法）。

1. 千人千面算法

千人千面算法，顾名思义，即系统根据用户的特征和需求，在页面为每个人提供个性化的展示，每个人看到的内容或商品都是自己喜欢的，目的在于提升匹配度。与其他平台一样，只有在获取用户隐私数据后，小红书才能不断完善千人千面算法。小红书在“已收集个人信息清单”中明确说明，会从用户资料信息、用户身份信息、用户服务内容信息、联系人信息、设备信息等方面搜集隐私数据。下面将列举“小红书用户隐私政策”的部分内容。

- 若您使用一键登录的功能，基于与通信运营商的合作，我们会收集您的手机号码和网络运营商信息，以便为您提供快捷的登录服务。同时，为了帮助您完成注册过程，我们还将收集您的“兴趣”，为您提供小红书初始服务。
- 若您使用第三方账号进行登录，为了满足网络实名制要求，在您使用发布、评论及其他要求实名认证的功能与服务前，我们将另行收集您的手机号码完成实名认证。请您谨慎考虑后再提供这类信息，若您拒绝提供，则您可能无法正常使用相应的功能。
- 为了向您提供最核心的信息展示服务，并向您推荐可能感兴趣的笔记及相关信息，我们会收集您填写的个人资料、您的浏览记录（您的关注、浏览）和单击操作记录（兴趣、单击、搜索、点赞、收藏、分享、评论、发布记录及有关行为）。
- 当您使用发布、编辑内容功能时，我们会请求您授权存储（相册、媒体和其他文件）、相机（摄像头）、麦克风（录音）权限。您如果拒绝授权提供，将无法使用相应功能，但不影响您正常使用小红书的其他功能。为了提升视频的上传速度、丰富发布功能和优化体验，在您单击“发布笔记”前，我们会将您编辑的视频临时加载至服务器。如果您退出编辑页面，或者因其他原因未发布笔记，则会立即删除相关视频。您可通过“我”→“设置”→“通用设置”→“不允许发布时提前上传视频”关闭此功能。

◆ 当您使用发布、评论、点赞、收藏、分享功能时，您发布的文字、照片、视频、音频、评论、点赞、收藏、分享记录信息会存储在我们的服务器中，因为存储是实现这一功能所必需的。我们会以加密的方式存储，您也可以随时删除这些信息。

◆ 安全运行与风控验证。为了保障软件与服务的安全运行，防止您的个人信息被非法获取，更准确地预防欺诈和保护账号安全，我们会收集您的设备信息，包括设备型号、设备名称、SIM 卡序列号、设备唯一标识符（包括 IMEI、IMSI、AndroidID、IDFA、OAID）、地理位置、存储（相册、媒体和其他文件）、浏览器类型和设置、语言设置、操作系统和应用程序版本、网络设备硬件地址（MAC 地址）、登录 IP 地址、接入网络的方式、网络质量数据、移动网络信息（包括运营商名称）、产品版本号及软件使用记录信息。如果您不同意我们收集上述信息，则可能无法完成风控验证，请您理解。为动态检测您的账户是否存在异常登录，每次在您把小红书切换至后台或重新启动程序时，我们可能会再次读取信息，但会将读取频次控制在合理范围内。

◆ 搜索功能。当您使用小红书搜索功能时，我们会收集您查询的关键词、阅读记录和访问时间、评论和互动记录。收集此信息既可以向您提供您所需要的内容和可能更感兴趣的服务，同时也可以改进我们的产品和服务。

◆ 定位功能。当您开启设备定位功能并使用小红书基于地理位置提供的相关服务（内容推荐、内容发布、购物收货信息、资料编辑）时，我们可能会通过弹窗方式获得您的同意，收集有关您的地理位置信息。地理位置信息属于个人敏感信息，若拒绝提供该信息，您将无法使用上述基于位置提供的相关服务，但不影响您正常使用小红书的其他功能。

◆ 当您关注您感兴趣的账号并进行浏览、评论、点赞、收藏、分享内容时，我们会收集您关注的账号和前述信息，并向您展示您关注账号发布的内容。同时，您点赞或收藏的内容会向您的粉丝展示，您可将收藏的内容设置为仅自己可见（可以在“我”→“收藏”→“收藏专辑”中开启仅自己可见）。

- 当您申请商品合作功能时，根据法律法规的要求，我们可能会收集您的身份信息，包括您的真实姓名、身份证件号码或照片、面部识别信息，用于证实您的个人身份。为了帮助您顺利完成合作，我们可能收集您的手机号或微信号。若您拒绝提供，则不会影响小红书其他功能的正常使用。
- 测肤、试妆功能。在您使用小红书提供的测肤或试妆功能时，我们可能需要通过弹窗征得您的同意，并收集您的存储（相册、媒体和其他文件）、相机（摄像头）权限或面部信息，从而为您提供服务。我们在提供测肤和试妆服务后，不会存储您的面部特征信息。若您拒绝提供前述的面部特征信息，您将无法体验我们的测肤、试妆功能，但不会影响小红书其他功能的正常使用。
- 为向您展示个性化的内容，或确保您能获知更为适宜的内容，我们可能会收集您在小红书平台上的搜索内容、展示内容、音视频播放记录，或使用您填写的个人资料信息（如性别、生日）。如果您对推送内容不感兴趣或希望减少某些信息推送，您可长按笔记内容，在弹出的对话框中单击“不感兴趣”按钮，您也可以选择关闭个性化推荐机制，具体可前往“我”→点击左上角→“设置”→“隐私设置”→“个性化选项”设置。

通过以上内容，SEO从业者可以了解千人千面算法所需要的用户隐私信息。SEO从业者可在项目中加入SEO规则、内容、关键词和元素，以便获得优先展示和露出的机会。

2. 波纹算法

波纹算法是一个评分体系，在小红书内部称为CES。CES，即客户互动销售，是用视频的点赞数与收藏数之和乘以账号的权重系数表示的，计算公式如下：

$$\text{CES} = (\text{点赞数} + \text{收藏数}) \times \text{权重系数}$$

对波纹算法的说明如图 4-53 所示。

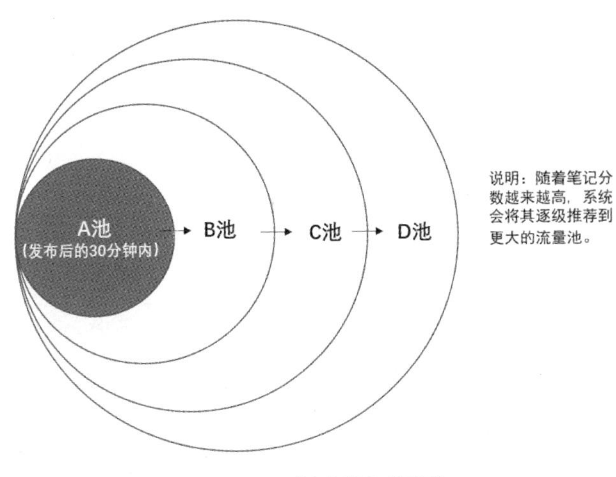
A池
（发布后的30分钟内）
B池
C池
D池
说明：随着笔记分数越来越高，系统会将其逐级推荐到更大的流量池。

图 4-53 对波纹算法的说明

注意

为进一步规范社区生态，小红书启动了虚假推广社区的治理专项行动，即啄木鸟行动。在啄木鸟行动中，小红书专门组建了一支包含反作弊、推荐模型、音视频处理、内容理解等团队在内的专项组，进行多算法模型与人力审核的双重地毯式排查，严厉打击虚假推广行为，严重违规者将被断流、封号。此次行动覆盖全站的所有笔记，均包括历史存量笔记和未来新增笔记。小红书鼓励创作者创作优质内容，并扶持优秀的个人创作者和专业的 MCN 机构。

4.5 知乎

知乎通过不断创新，如创建圈子、直播、机构号、专栏等，为用户提供可信赖的问答内容。知乎的问答内容在百度搜索、搜狗搜索、微信搜索结果中均呈现非常优质的展现位置。对知乎全链路营销解决方案的说明如图 4-54 所示。

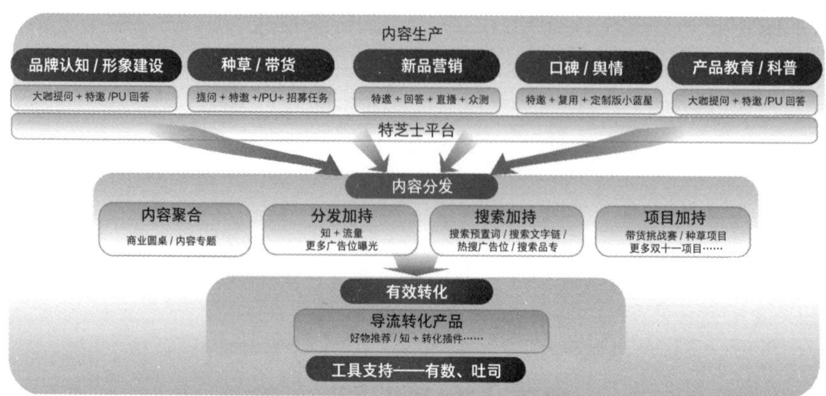

图 4-54　对知乎全链路营销解决方案的说明

4.5.1　平台规则

知乎的平台分类如图 4-55 所示。

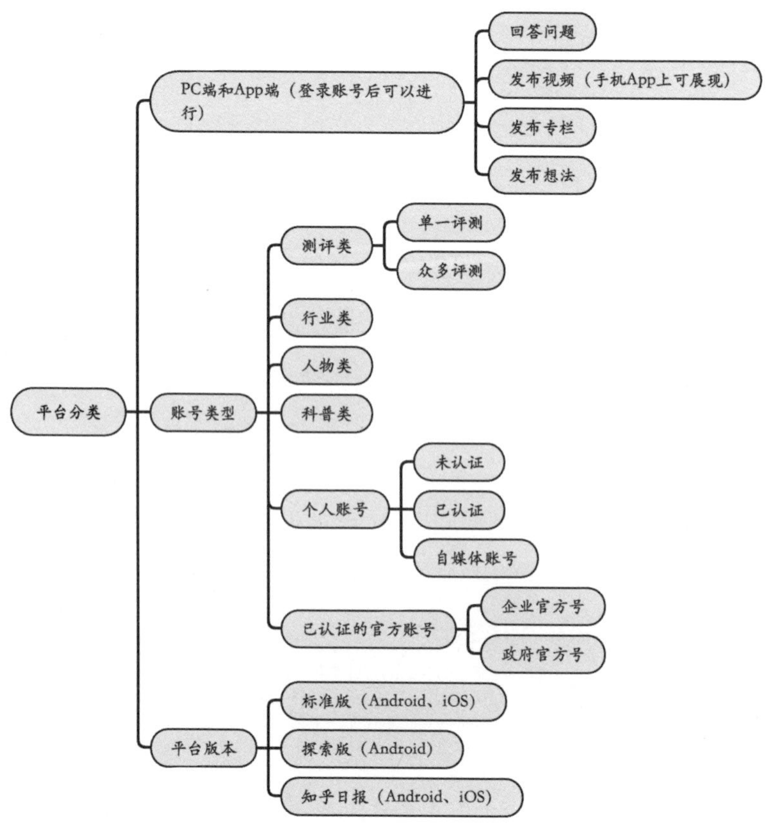

图 4-55　知乎的平台分类

知乎的用户人群包括知识型中产、品质生活追求者、泛人群。人群分析如图 4-56 所示。

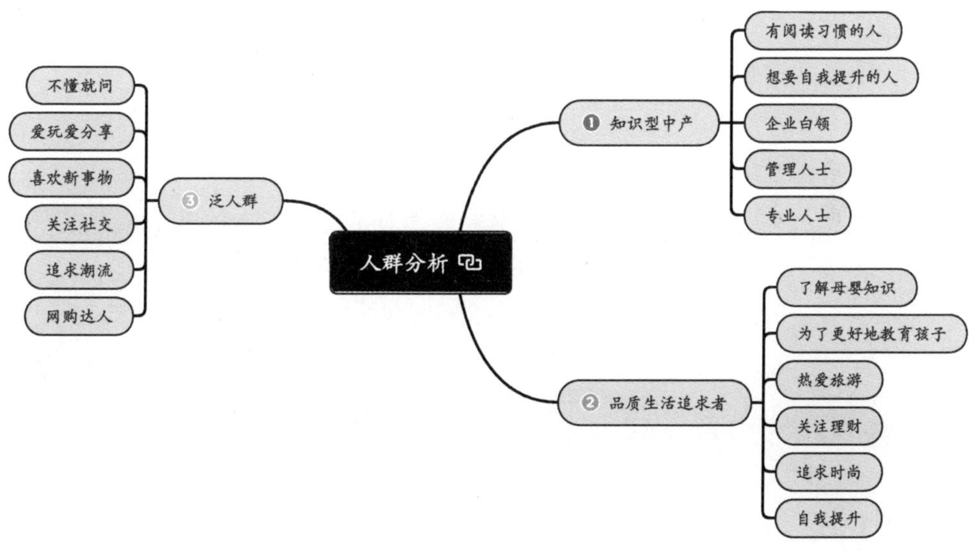

图 4-56 人群分析

知乎使用的是威尔逊得分算法，又称新排序算法。该算法的中心思想是如果把一个回答展示给很多人，并让他们投票，则回答的质量不同，赞同和反对的票数也不同。可根据赞同和反对的票数，得出反映内容质量的最终分数。当投票的人较少时，可根据已获得的票数估算回答的分数。投票的人越多，估算的结果越接近真实。例如，一个回答获得了 1 次赞同和 0 次反对，虽然参与投票的人赞同该回答，但因票数太少，所以得分也不会太高。如果在一段时间后，这个回答获得了 20 次赞同和 1 次反对，则根据新排序算法，可把该回答排在另一个有 50 次赞同和 20 次反对的回答之前。其原因是新排序算法预测，当该回答同样获得 50 次赞同时，获得反对的票数应该会小于 20。

新排序算法的优点在于，即使估算有误，也会基于更多的投票数据进行自我修正，更准确地计算分数，使回答的最终排序能真实地反映回答质量。

在了解了新排序算法的中心思想后，再来介绍一下知乎在对回答进行排序时遵循的原则。

- 用户在搜索相同的关键词时，每次看到的排序都是相同的。
- 回答获得赞同时，会使排序上升，获得反对时，会使排序下降。
- 知乎会根据问题添加的话题区分领域，在同一领域下的优质回答会提高用户在该领域下的投票权重。
- 高权重用户的投票对排序有明显影响，高权重用户的回答排名也会更靠前。
- 使用匿名身份进行投票或答题时，不会计算用户的权重。
- 在对回答进行排序时，不会只根据投票数量进行排序。反对不显示在页面上，不同用户的投票对于排序也有不同的影响，因此票数少的回答位于票数多的回答之前是正常现象。

根据以上排序原则，可以得出如下的排序分数公式：

排序分数 = 赞同的票数 × 发布者在该领域下的权重 + 赞同的票数 × 权重 − 反对的票数 × 权重

刚才提到了，高权重用户的投票对排序有明显影响。那么，在某领域下，用户如何提高权重呢？方法如下。

- 在该领域下完成高质量回答。
- 获得更多的赞同票数。
- 尽量减少反对票数。
- 被更多用户关注。

知乎的话题结构如图 4-57 所示。

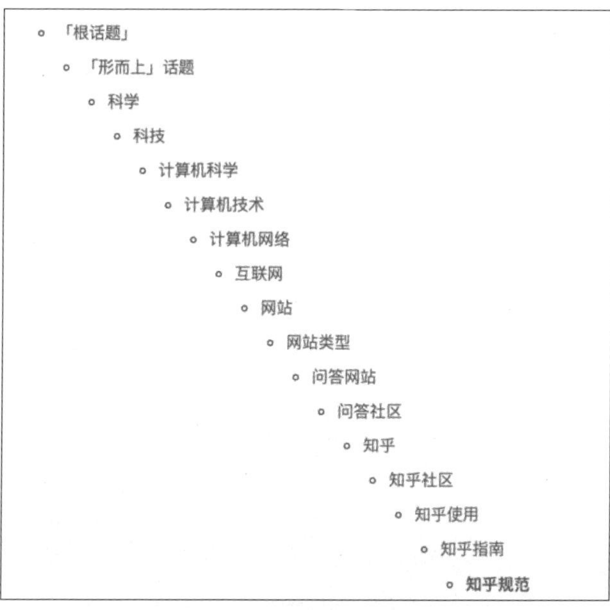

图 4-57 知乎的话题结构

4.5.2 SEO 步骤

在知乎中进行 SEO 的常见思路如下。

- 建立内容矩阵，如 PGC、PUGC、UGC 等。
- 寻求 KOL、KOC 输出优质内容。
- 丰富内容的类型，如图文、视频等。
- 应用知乎官方的内容推广平台，如芝士、知 + 等。

有了以上思路后，下面介绍在知乎中进行 SEO 的常用步骤。

步骤 1： 设定优化目标，如私域流量增长、辅助销售转化、粉丝增长等。

步骤 2： 拆解 KPI，制定可执行的工作计划。

步骤 3： 发布符合规范的内容。知乎的内容发布规范如图 4-58 所示。

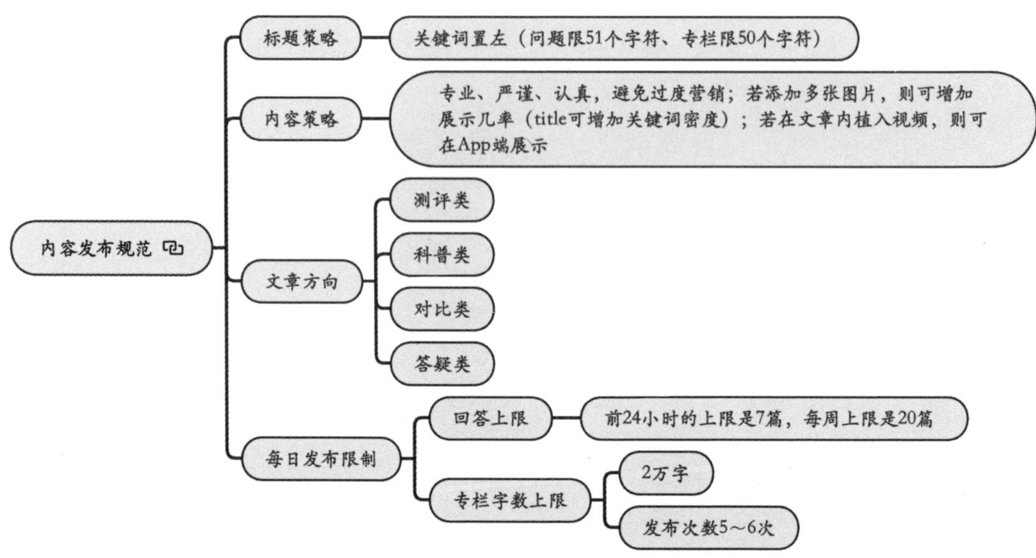

图 4-58　知乎的内容发布规范

注意

知乎对用户的提问和回答有数量限制。根据用户的注册时间和使用情况，限制规则也略有不同。例如，注册知乎时间较短的用户，由于回答经验有限，会限制每日回答数量。随着用户在知乎分享更多优质的内容、获得一定数量的赞同后，数量限制会逐步放松。绝大部分用户在日常使用中不会触发数量限制。

- **步骤 4:** 检查问答中是否存在基础的 SEO 元素。
- **步骤 5:** 根据内容投放的要求，可以与知乎投放平台配合进行内容推广活动，如芝士、吐司、知 +、知数、众测等，争取效果最大化。
- **步骤 6:** 与问答中的用户互动，如点赞、收藏、评论、转发等。
- **步骤 7:** 收录优化，主动提交给站外爬虫。
- **步骤 8:** 日常监测收录、排名、外链、互动、时间等数据。
- **步骤 9:** 总结经验，并不断改进。

4.6 B 站

哔哩哔哩（bilibili）简称 B 站，拥有丰富的内容资源、圈层文化、弹幕文化，以及良好的社区氛围。对 B 站用户的分析数据如图 4-59 所示。

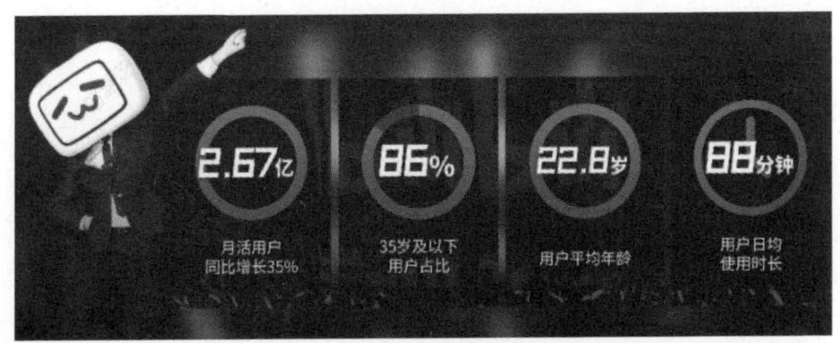

图 4-59　B 站的用户分析数据

在百度、微信搜一搜、头条搜索中收录了 B 站的大量内容，如图 4-60 所示。B 站的内容在站内和站外的搜索排名中，均有获取排名和占位的机会。

图 4-60　百度、微信搜一搜、头条搜索中收录的 B 站内容

4.6.1 平台规则

B 站的内容分为 18 种类型，如图 4-61 所示。

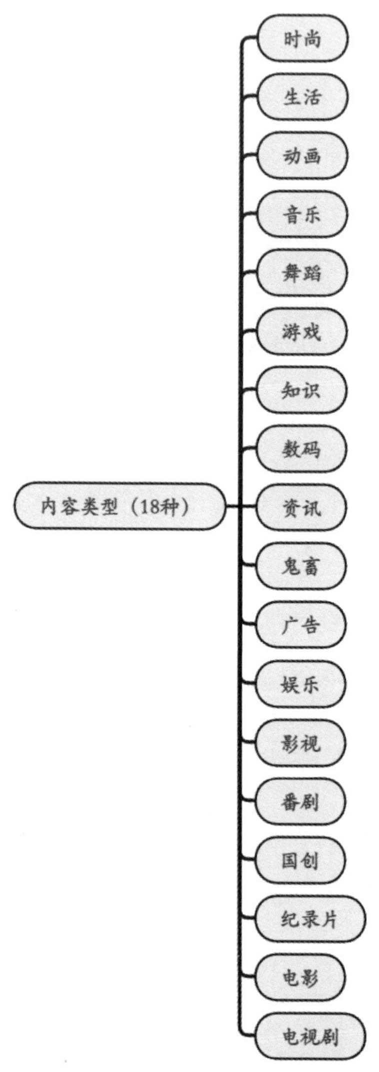

图 4-61　B 站的内容类型

从表现形式和表现手法来看，B 站的内容一般从 PUGC（专业用户生产内容）的角度出发，以趣味性为主，拥有更高的用户互动性。

在制作 B 站的内容时，对制作者的技术有一定要求（对文案、拍摄、剪辑、设计、心理学等进行过研究）。与此同时，内容需要符合平台的“调性”，并遵循平台的内容规则。B 站的内容要求、技术要求和禁忌如图 4-62 所示。

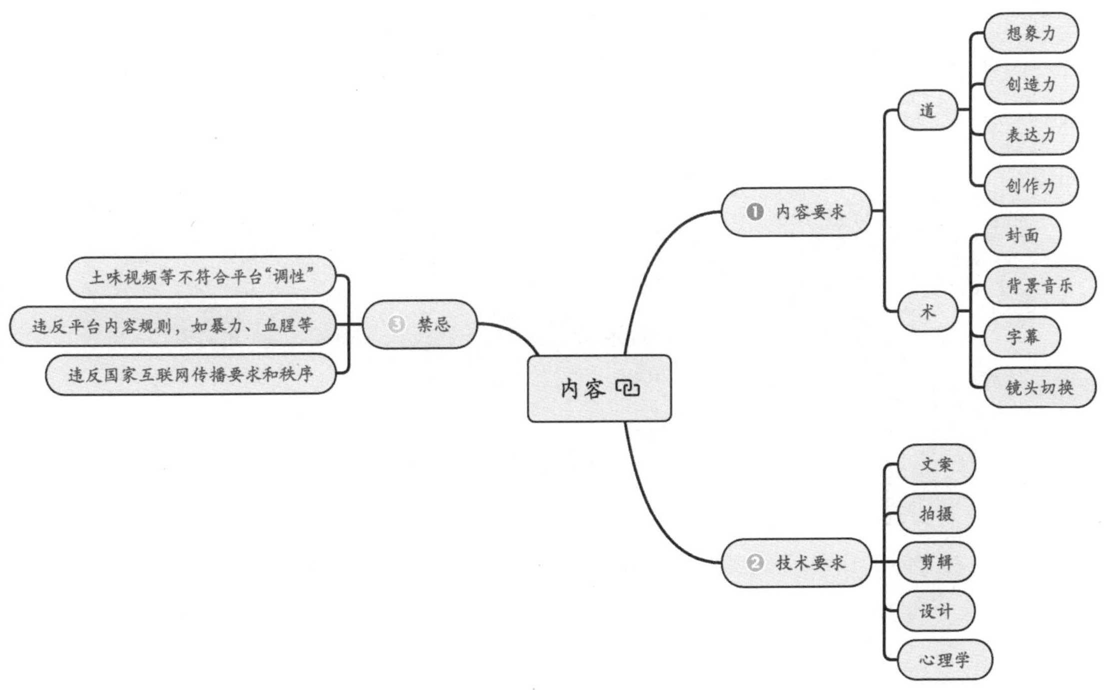

图 4-62 B 站的内容要求、技术要求和禁忌

4.6.2 SEO 步骤

在 B 站中进行 SEO 的常见思路如下。

- 设定目标。短期目标包括私域增长、粉丝增长。长期目标包括为蓝 V 号导流，并变现。
- 联合 UP 主共创优质内容。B 站整合营销图谱如图 4-63 所示。

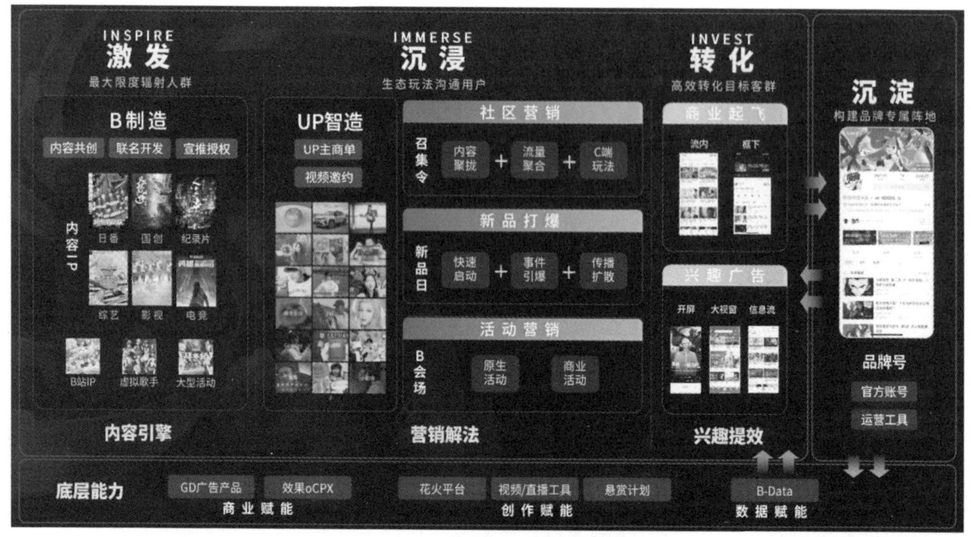

图 4-63　B 站整合营销图谱

有了以上思路后，下面介绍在 B 站中进行 SEO 的常用步骤。

- **步骤 1**：进行数据分析，设定词库和关键词。
- **步骤 2**：根据关键词进行匹配，并选择符合品牌“调性”的 UP 主，使用官方认证的企业号（蓝 V 号）和 UP 主共创优质内容。
- **步骤 3**：制作的内容需要符合投稿规范（如果制作的内容符合投稿规范，则对 SEO 帮助非常大）。

4.6.3　投稿规范

在 B 站投稿规范中规定的内容如图 4-64 所示，包括非自制内容范围、对稿件内容的要求、对稿件信息的要求和对稿件的其他规则。

图 4-64　在 B 站投稿规范中规定的内容

1. 非自制内容范围

属于非自制范围的例子包括但不限于以下 5 点。

- 无加工的纯片段截取：加工是指对原片进行添加特效包装、文字点评、改图、音轨替换、添加配音等二次加工行为。
- 字幕：未经版权方授权的翻译字幕。
- 录屏：对投稿人没有参与制作、编辑加工的作品进行录播。
- 他人代投（包括授权搬运）：非原作者或其创作团队的账号在站内协助原作者进行投稿。
- 其他低创内容，如自行购碟压制上传、单纯倍速播放、倒放、镜像、调色、补帧等。

2. 对稿件内容的要求

不适宜投稿的内容如下。

- 带有主观恶意的诋毁、中伤、谩骂等侮辱性言论的内容。
- 带有反动、色情、破坏国家宗教政策，以及其他违反国家相关法律条款的内容。
- 含有可能造成观看者身体不适的、过度猎奇的、恶心的内容。
- 其他涉及违反有关部门、条例规定要求的内容。
- 具有较大争议的内容。

3. 对稿件信息的要求

（1）封面图

内容应与视频主体的内容一致或为视频内容的截图。封面图不能使用动态图片，不能含有禁止发布的内容。

（2）标题

投稿标题请尽量用中文填写，并尽可能使用常见的翻译，建议将原标题填写在简介中。人名、团体（组织）名等不可翻译的专有名词以官方形式为准，可以不翻译。禁止在标题中出现画质（音质）测试及相关文字。禁止填写无意义的、与视频内容完全无关的、具有挑衅煽动或引战性质的标题。

（3）标签

为了能被用户正确搜索，投稿应填写与视频内容相关的标签，包括但不限于视频中涉及的人物、团体、概念、视频本身的属性等。不要填写与视频内容没有直接联系的或无意义的标签内容。

（4）投稿类型

若内容为搬运、转载视频、代他人投稿，则在投稿类型中可选择转载。若内容为个人原创作品或二次创作作品，则投稿类型可选择自制。补档仅适用于UP主删除视频的情况。特别需要提醒的是，转载他人稿件并冒充自制是严重违规行为，累计多次的，将视具体情节予以处理。

（5）视频出处

若内容为自制投稿，则在视频出处中可填写自制。若内容为转载和搬运投稿，则必须尊重原作者，填写准确的转载信息，建议在视频简介中填写完整的原视频链接、正确的视频编号或原网站、作者及原标题名。

（6）视频简介

对于投稿的任何说明内容都可以写在视频简介中。原则上不限制视频简介的形式，但有以下要求。

- 禁止对本投稿或其他投稿发表带有个人情感的恶意诋毁、中伤等侮辱性言论。
- 禁止发表反动的、色情的、破坏宗教政策的，以及其他违反国家相关法律的内容。

- 视频中涉及的素材应在视频简介中提供，禁止以任何附加条件的形式提供（包括但不限于）站内点击、弹幕数、评论数、硬币数等内容。
- 为了 UP 主的“饮食安全和肠胃健康”，禁止使用包括但不限于“上首页吃狗粮”和其他类似的表现形式投稿。

注意

违反上述要求的稿件将被审核员退回，累计多次的将视具体情节予以处理。

4. 对稿件的其他规则

（1）撞车规则

为了保证视频观看弹幕的集中性，相同内容的搬运稿件在本站中只允许同时存在一个。视频内容重复的稿件会被管理员锁定，用户无法操作。投稿前应合理应用 B 站的搜索功能。

（2）分页规则

B 站提供单个稿件内的分页（分 P）功能，同系列的视频应通过分页方式投稿在同一稿件中，不能在同时段内大量集中投稿。

（3）分区规则

投稿时应正确选择稿件的所属分区，稿件一经审核，用户将不能修改稿件分区。若投稿分区错误，则稿件将被退回并要求重新分区。

（4）退回规则

对于已退回的稿件，在无错误判断的情况下，不应不经修改就重复提交或删稿重投。如有误判，可联系客服邮箱。

4.7 抖音

短视频具有高效、迅速、互动性强等特点。这里以抖音相关的数据为例，展示抖音用户数量的变化趋势，如图 4-65 所示。

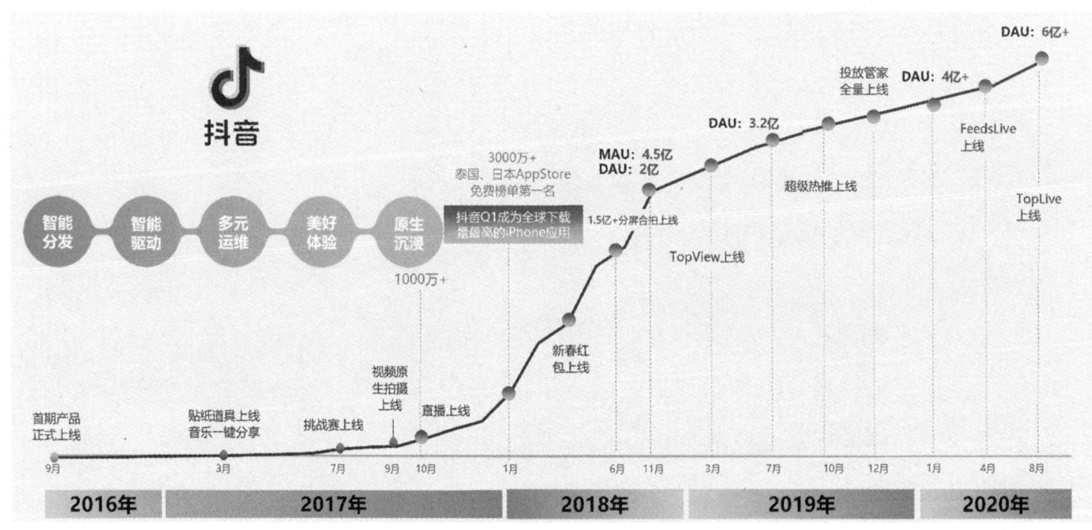

图 4-65　抖音用户数量的变化趋势

短视频内容的制作过程比较复杂，本节不进行讲解，只说明将 SEO 元素嵌入短视频的方法。

- 合集：最好包含关键词，一般以核心关键词为主，通用关键词为辅。
- 封面：包含关键词。
- 标题：包含关键词，便于精准匹配。
- 话题：包含关键词。
- 数据：点赞数、评论数、转发数越高越好。
- 账号：权重越高越好。
- 提交：发布完毕后主动提交给爬虫。

- 音轨：包含关键词。
- 大家都在搜：和问答、百科、长尾词关联，可以适当和头条系的内容打通，并制作内容矩阵。
- 内容新鲜度：创建时间、更新时间、互动时间越近越好。
- 地理位置：可在导航中创建包含关键词的地理位置标签。
- 变量因素：用户的所有历史操作行为。

抖音的关键词搜索入口提升了用户体验。图 4-66 为抖音关键词的相关搜索结果。

图 4-66　抖音关键词的相关搜索结果

若用户在抖音中购买单价较高的商品时，跳转至百度平台搜索商品的相关信息，则说明搜索的内容与该商品存在关联，分别如图 4-67 和图 4-68 所示。

图 4-67　抖音中单价较高的商品

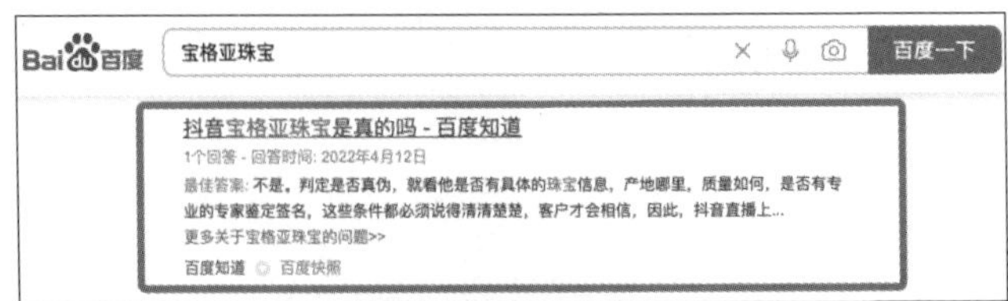

图 4-68　在百度平台搜索商品的相关信息

第5章

实战：SEO 方案制作与营销运用

良好的市场信誉、富有竞争力的业务优势和过硬的专业团队，更能获得甲方市场的青睐。SEO 公司通过解读企业的招标文件（SEO Brief）了解客户的需求，并制作符合要求的 SEO 方案。符合要求的 SEO 方案是中标的基础，因此制作优秀的 SEO 方案尤为重要。本章将从 SEO Brief 解读、SEO 数据分析、SEO 策略、SEO 执行规划、SEO 服务团队、SEO 数据汇报、SEO 在口碑营销中的运用、SEO 在品牌赋能中的运用、SEO 项目评估等方面全面讲解 SEO 方案制作与营销运用技巧。

 5.1 SEO Brief 解读

SEO Brief 是指企业的招标文件或能说明企业需求的文件。对企业招标文件的解读如图 5-1 所示（左侧部分为 SEO Brief，右侧部分为对 SEO Brief 的解读示例）。

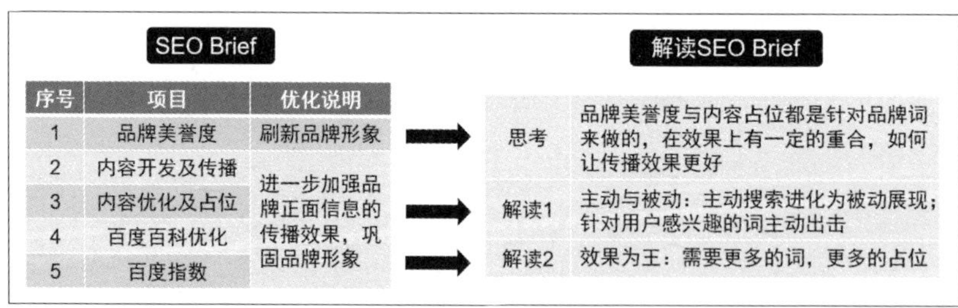

图 5-1　对企业招标文件的解读

 5.2 SEO 数据分析

在实际执行中，需要在 SEO 方案中呈现出完整、清晰的数据分析过程，用于佐证 SEO 策略的准确性。在 SEO 方案中，建议按照“总 - 分 - 总”的结构展示数据的分析过程。例如，可从用户分析、媒体分析、现状分析与竞品分析等方面对数据进行分析。

- 用户分析：可从用户的性别、年龄、所处地域、收入水平、受教育程度等方面对用户进行分析。
- 媒体分析：分析该品牌在不同媒体上的信息覆盖率、品牌声量与口碑。
- 现状分析与竞品分析：通常情况下，将现状分析与竞品分析结合，总结品牌所处的现状与竞品的优缺点。

5.3 SEO 策略

SEO 作为一种重要的营销方法，需要配合其他营销目标，实现 ROI 的效果最大化。品牌在搜索引擎中的表现不同，采用的 SEO 策略也不同。

- 若品牌指数与声量虽然均有积累，但与竞品存在一定差距，则可采用全网覆盖的阶段性策略。
- 若品牌在搜索引擎中表现良好，基础优化效果明显，则建议采用技术赋能策略，继续保持目前的优化效果。
- 若品牌在搜索结果中具有优质内容占位能力，则说明该品牌还有一定的优化空间，可采取内容深耕的策略。

多种 SEO 策略如图 5-2 所示。

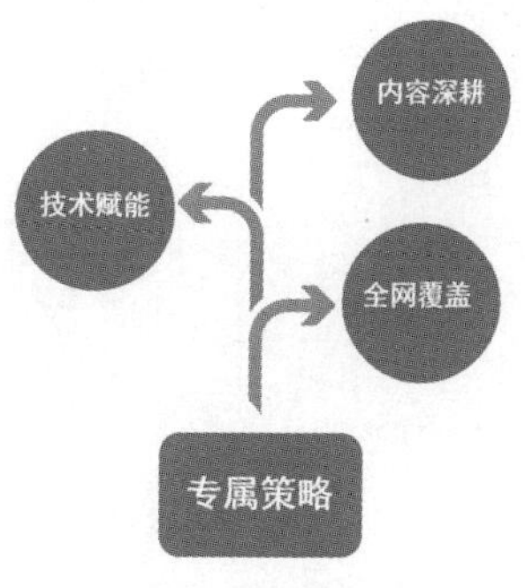

图 5-2　多种 SEO 策略

5.4 SEO 执行规划

SEO 策略可为 SEO 执行规划提供指导:在指导过程中,需要有详细的执行计划、应对突发情况的备选计划和应急机制;在实战过程中,包含目标、执行、反馈和验收等 4 个步骤。如图 5-3 所示的四步优化法,就是 SEO 执行规划的方法之一。

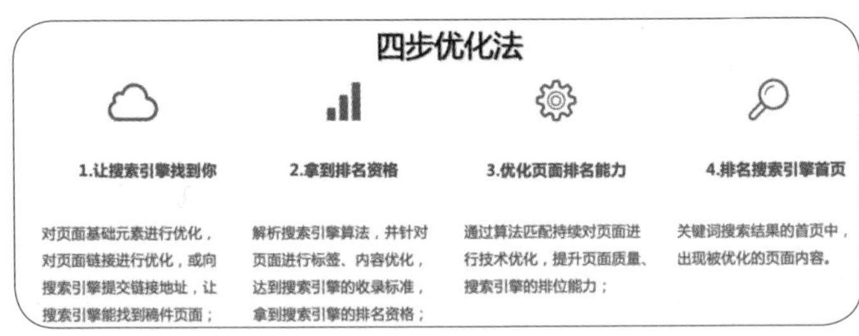

图 5-3 四步优化法

5.5 SEO 服务团队

一个完整的 SEO 服务团队包含项目管理团队、客户服务团队、文案策划团队、媒介团队、数据分析团队及技术支持团队,如图 5-4 所示。

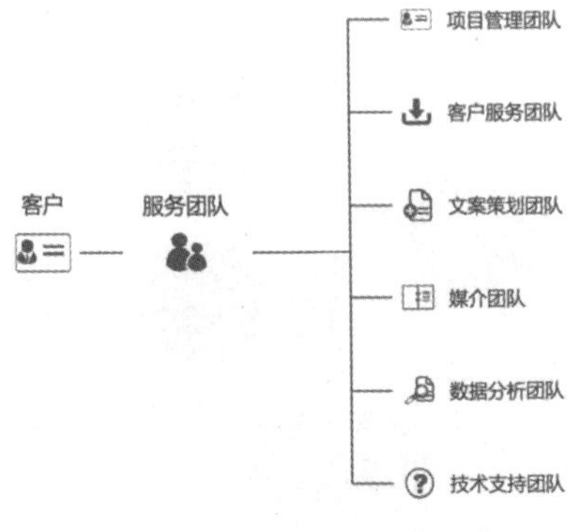

图 5-4 SEO 服务团队

 5.6 SEO 数据汇报

SEO 数据汇报是对项目复盘的重要手段之一。定期的数据汇报有助于减小信息差，获得高质量的 PIP。因此，成熟且有效的数据汇报机制在 SEO 实战中尤为重要。

数据汇报包括多种机制：交接机制、汇报机制、监测与审核机制、紧急联动机制，如图 5-5 所示。

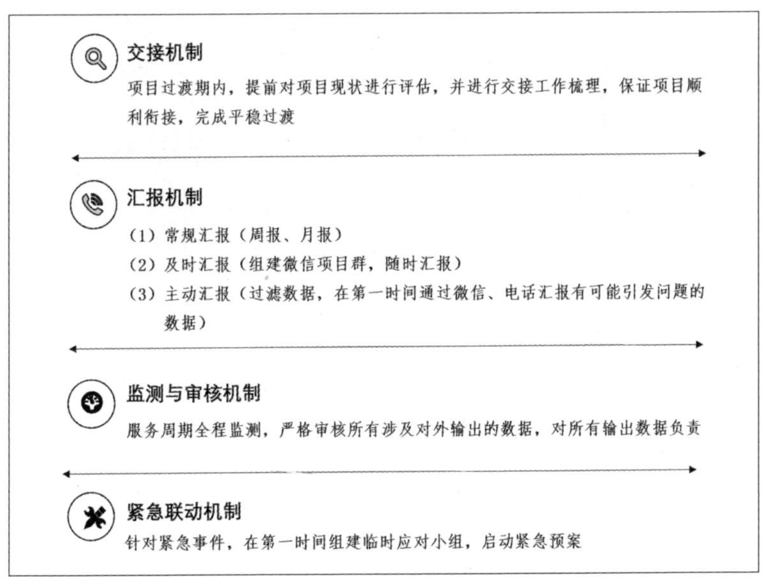

交接机制
项目过渡期内，提前对项目现状进行评估，并进行交接工作梳理，保证项目顺利衔接，完成平稳过渡
汇报机制
（1）常规汇报（周报、月报）
（2）及时汇报（组建微信项目群，随时汇报）
（3）主动汇报（过滤数据，在第一时间通过微信、电话汇报有可能引发问题的数据）
监测与审核机制
服务周期全程监测，严格审核所有涉及对外输出的数据，对所有输出数据负责
紧急联动机制
针对紧急事件，在第一时间组建临时应对小组，启动紧急预案

图 5-5 数据汇报机制

 5.7 SEO 在口碑营销中的运用

目前，SEO 在口碑营销中扮演着越来越重要的角色，并成为各大企业进行网络公关业务的必要手段之一。SEO 在口碑营销中的最终目标是实现口碑提升，

在这一过程中需要运用 SEO 技术制定 SEO 的目标和策略。

借助 SEO 进行口碑提升的示例如图 5-6 所示，即结合用户轨迹建立搜索信息链路，精准覆盖、引导用户。

图 5-6　借助 SEO 进行口碑提升的示例

5.7.1　在口碑营销中制定 SEO 目标

在口碑营销过程中，SEO 为口碑营销提供数据支持的同时，需要制定 SEO 目标。最理想的 SEO 目标是实现内容置顶。在制定 SEO 目标时，可参考如下内容。

- 参考已存在的历史内容和近期新增的内容。这两种内容均有机会获取占位机会。
- 生产 UGC 内容。
- 结合不同平台的特性与品牌在该平台的 SEO 现状，设定跨平台目标。
- 可包括增加收录数量、增加占位位置、延长露出时长等目标。

在制定 SEO 目标时，目标方向有两种：

- 短期目标：SEO 结果为“健康”状态，即无负面信息。
- 长期目标：SEO 结果可以“智能匹配”，即搜索关键词与呈现的搜索信息高度一致，减小用户和企业之间的信息差。

5.7.2 在口碑营销中制定 SEO 策略

在口碑营销中，常见的 SEO 策略如下。

- 净化搜索环境：整合口碑数据，针对平台的特性优化关键词，获得新的排名机会。
- 优化搜索体验：针对用户主动或被动的搜索动机，匹配相应的搜索结果。
- 搜索内容智能化呈现：根据用户的画像和动机，制作营销内容，以适配不同场景下的搜索内容。

5.7.3 在口碑营销中运用 SEO 技术

SEO 凭借技术优势可以为口碑营销提供数据支持。SEO 可通过关键词总结用户动机，进一步提取与用户高度相关的关键词词库。基于平台检索量和提取的关键词，可确定口碑营销的方向。

在口碑营销过程中，运用 SEO 技术的步骤如下。

- **步骤 1：** 通过数据分析建立关键词词库，包括品牌、产品、用户行为等关键词。
- **步骤 2：** 通过改进爬虫，获取和使用某些特定的内容。
- **步骤 3：** 在品牌的日常营销内容中植入 SEO 关键词。
- **步骤 4：** 使用 SEO 的排名技术和占位技术，提升内容的排名。
- **步骤 5：** 根据业务的目标，调整 SEO 在口碑营销中的运用范围。

5.8 SEO 在品牌赋能中的运用

4U 理论描述了 SEO 为品牌赋能的过程，具体内容如图 5-7 所示。

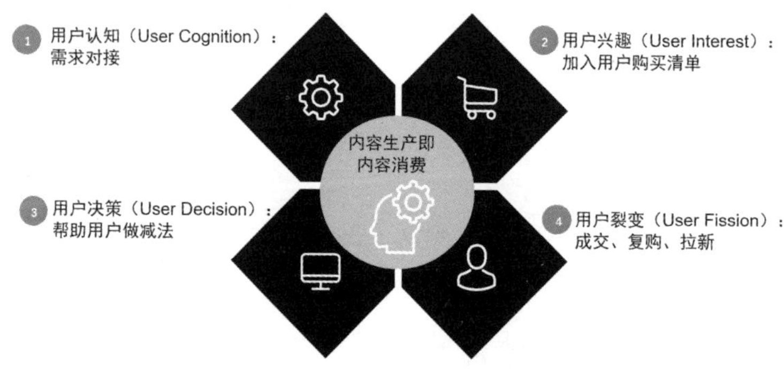

图 5-7　4U 理论的具体内容

在制定 SEO 策略时，以搜索用户为目标人群，根据用户不同阶段的搜索需求设计 SEO 目标和具体的执行细节。一般而言，在用户认知阶段需要强化品牌的全媒体曝光；在用户兴趣阶段需要关注核心平台的持续占位；在用户决策阶段以稳定品牌搜索风格为目标，以便保护品牌流量转化不受影响。

5.9 SEO 项目评估

5.9.1 SEO 的业务背景与立项价值评估

在品牌或产品遇到网页排名靠后的问题时，可基于 SEO 的业务背景，运用 SEO 技术予以赋能。SEO 的业务背景可通过招标简介获取。招标简介的示例如图 5-8 所示。

第一章　招标简介

XX电视自2022年10月底进行品牌优化及产品升级后，将品牌定位调整为高端产品。百度搜索作为品牌形象展示的重要窗口，计划将在百度搜索“XX电视”时将现有内容进行更新替换。为此，XX电视计划招标一家专门从事百度搜索引擎优化的公司执行XX电视在百度中的搜索优化项目，以便提升平台的生态环境、站内占位、搜索效率及内容呈现效果。

图 5-8　招标简介的示例

SEO 的立项价值是指 SEO 能为企业提供何种价值。在实战过程中，可通过分析招标文件中的招标范围及需求来评估 SEO 的立项价值。招标文件中的招标范围及需求的示例如图 5-9 所示。

四、招标范围及需求

针对XX空调的宣传项目，要求针对2022年上市新品（XXC200），从研发、生产、下线、第一位用户订购、上门安装、用户故事等全过程纪录片的方式，围绕差异化卖点，聚焦家庭与情感需求，制定详细的宣传方案，内容包含但不限于海报、新闻稿件、KOL/KOC口碑种草等形式，以便全面提升 XXC200的产品认知度，以及XX空调的品牌价值。

图 5-9　招标范围及需求的示例

5.9.2　SEO 业务招标的评分标准

在 SEO 业务招标过程中，商务标和技术标的评分标准分别如表 5-1 和表 5-2 所示。

表 5-1　商务标的评分标准

项目	序号	评分标准	分数
商务部分	1	价格、价格结构	
	2	付款条件、账期、发票、验收	

表 5-2　技术标的评分标准

项目	序号	评分标准	分数
公司介绍	1	公司背景、规模、资质等	
服务案例展示	2	案例业务类型与招标公司业务类型的匹配度	
	3	案例的逻辑	
项目团队	4	项目经理的资质、对项目的理解程度	
	5	项目团队的案例、推荐理由	
	6	执行力与项目整体规划能力	
诊断分析	7	诊断分析	
	8	解决方案、可落地性	
项目服务标准与管理流程	9	服务输出的标准和落地性	
	10	管控流程的执行性和匹配度	
配套服务内容	11	落地增值服务内容	
	12	工作时间计划	
	13	优势比较	
述标	14	述标人员思路清晰、语言流畅	
答疑	15	现场提问与互动	

第6章 实战：SEO 报告的结构与常用工具

若使用 SEO 报告来汇报营销活动的执行结果，则可快速呈现营销活动效果、发现营销活动中的问题，减小信息差。因此，SEO 报告至关重要。本章主要介绍 SEO 报告的汇报结构，并列举制作 SEO 报告的常用工具。

 6.1 SEO 报告的汇报结构

由于不同的汇报对象对 SEO 的理解不同，因此只有明确汇报对象，才能有针对性地设计 SEO 报告的汇报结构。一般情况下，汇报对象分为甲方和乙方，如图 6-1 所示。

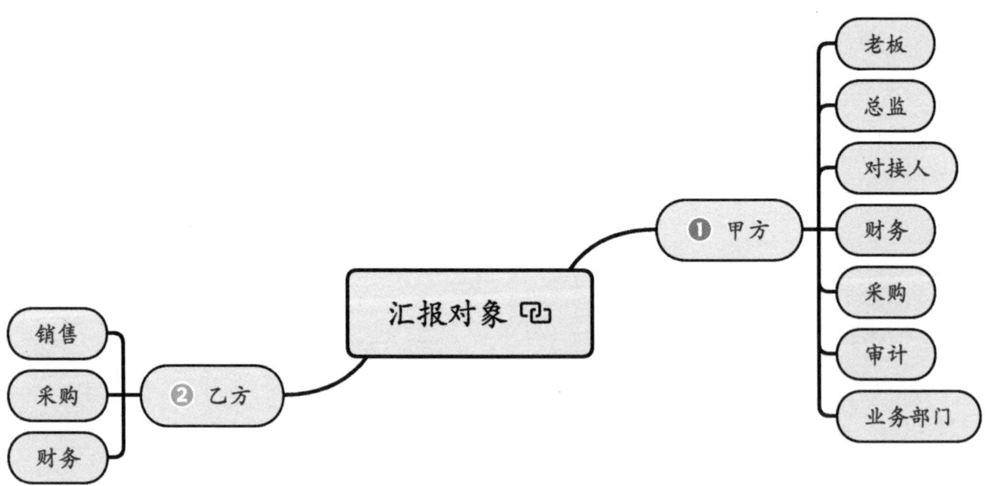

图 6-1 汇报对象

注意

在制作 SEO 报告前，建议先整理项目的所有资料，包括合同、ROI 数据、KPI（关键绩效指标）数据、备忘录、会议纪要等。这些资料在制作 SEO 报告时具有较高的参考价值。

根据汇报对象的不同，可将 SEO 报告的汇报结构分为标准汇报结构、大中型项目汇报结构、大型高规格项目汇报结构。

6.1.1 标准汇报结构

在月度报告、临时复盘报告中可选用标准汇报结构。标准汇报结构的特点是可全面汇报所有内容，节省制作人员的时间，保障汇报效果。标准汇报结构如图 6-2 所示。

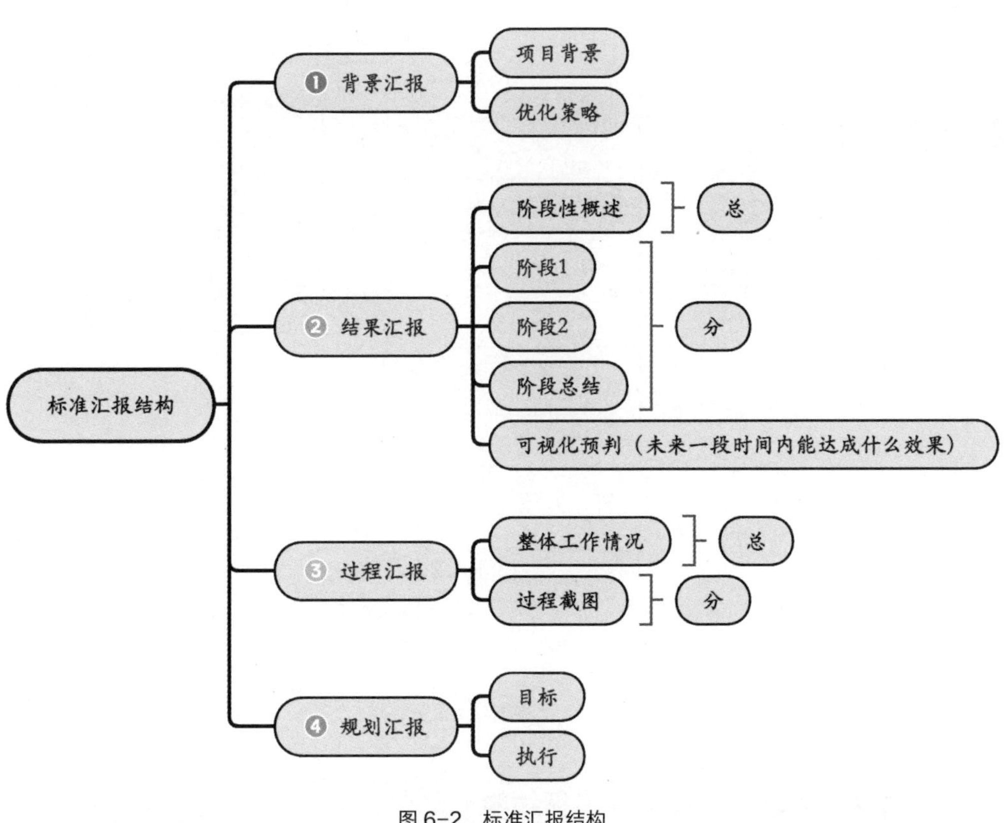

图 6-2 标准汇报结构

6.1.2 大中型项目汇报结构

在季度报告、半年度报告中可选用大中型项目汇报结构。大中型项目汇报结构的特点是数据清晰明确、逻辑顺畅，可概括项目全貌。大中型项目汇报结构如图 6-3 所示。

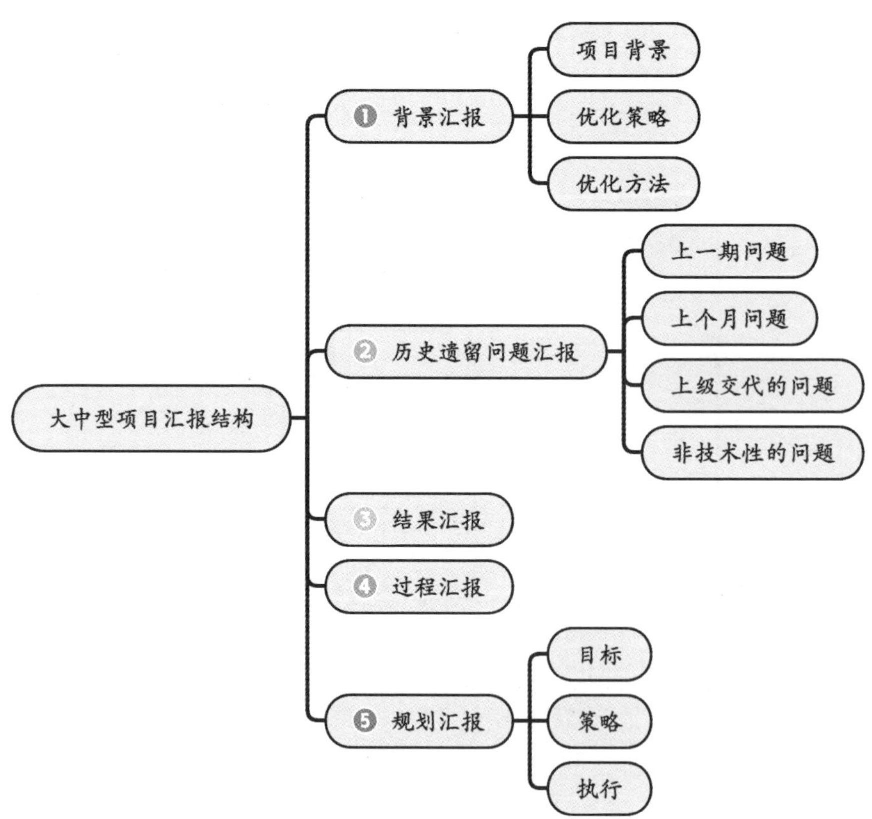

图 6-3 大中型项目汇报结构

6.1.3 大型高规格项目汇报结构

在半年度报告、结案报告中可选用大型高规格项目汇报结构。大型高规格项目汇报结构的特点是可通过对项目复盘提取规律、总结经验。大型高规格项目汇报结构如图 6-4 所示。

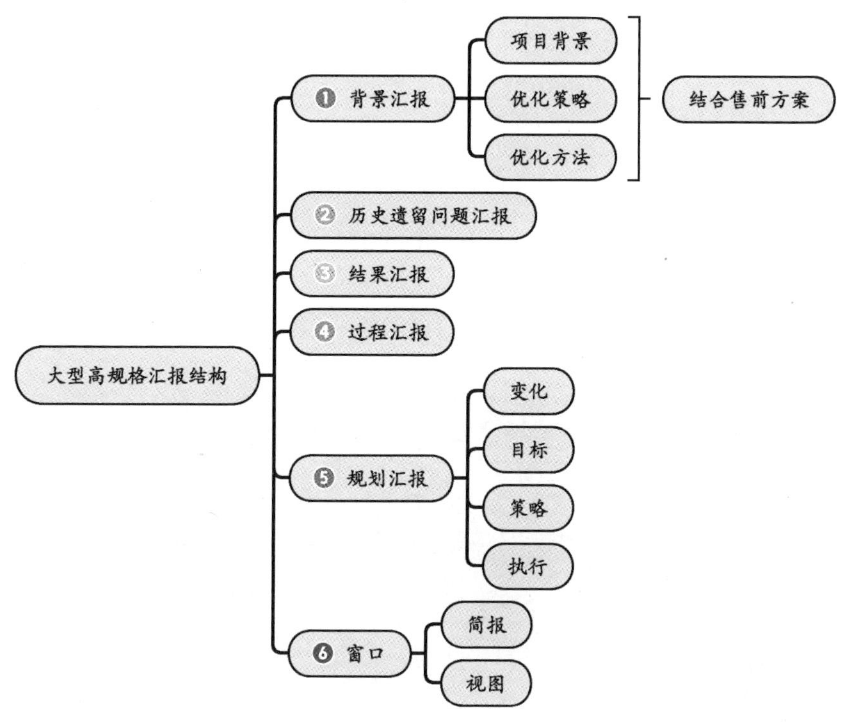

图 6-4 大型高规格项目汇报结构

6.2 SEO 报告的常用工具

在制作 SEO 报告时需要借助 SEO 工具完成。例如，下面 5 个常用的 SEO 工具可满足大部分 SEO 从业者的日常需要，如表 6-1 所示。

表 6-1 5 个常用的 SEO 工具

编号	名称
1	5118 大数据网
2	爱站网
3	站长之家网
4	搜外网
5	松松网

除此以外，还可借助一些常见的研究类工具完成SEO报告的制作，如表6-2所示。

表6-2 研究类工具

编号	名称
1	百度研究院
2	搜狗实验室
3	谷歌实验室
4	中国互联网络信息中心
5	艾瑞网

感　谢

从产生写书的想法开始，到筹划、具体撰写，我一直怀着一颗敬畏之心。一本互联网营销技术的专业著作需要经过创新、实战和大量“临床”，总结规律并形成系统化，才有机会将变量问题进行格式化和数字化，用于普适化的实战，故叙述方式要力求简明扼要，文字也力求浅显易懂，并用多种营销实践以串之。本书既可作为一般网络营销读物，又可供学术教科或参考之用，浅陋误缪之处，还望行业同仁教正。

感谢身边朋友提出的专业建议（再次对本书的封面设计者优迪表示感谢），使得本书能提前与读者见面。感激之情，溢于言表，排名不分先后。

李优迪　王谌　宋茜　张文程　常成禹　高彩丽　陈蛟　李小军　第鹏程
丁力　段淑敏　范新红　方慧　方婧　付成武　柴潇　Eden　Vincy
Vivi　Yami　高超　高峰　曾科　高鹏　高笑河　葛凯昊　勾骐赫
郭海艳　郭克松　郭亮　郭雁栋　何豪杰　何丽丽　何润发　贺代兰　华莹莹
黄广星　何政融　黄雅　霍远　纪敏　何润虎　嘉祎　贾思雨　何润举
何润湖　姜捷　蒋军　赖学文　李刚　李宏浩　李娟　李美玲　何润辉
何洋　李鹏鲲　李润强　崔冠芳　曹军　李晅印　何润苗　何润田　蔡桂佳
林楠　林清秀　刘海勇　何永田　刘鹤　刘建　何润真　刘铭　刘珊
刘胜杰　刘天　刘欣娜　刘玉奇　刘媛　卢梦琴　鲁宏超　马普丽　马雪倩
明敬　穆凌强　南哲　潘琳　潘应全　彭东佳　齐鸿尧　钱进　邵紫楠
沈慧　沈寅曦　师伟　施平洋　石方舟　舒庆　宋楠　苏辰　苏天
孙涛　孙维芳　孙依桄　孙元国　孙源源　田惠娟　汤瑜　田昊东　田书源
田文艳　田萱　田志杰　邹萌萌　王超　李鑫　王东　王芳芳　王海超
王浩　王虎　王琳琳　王敏　王奇　王倩倩　王伟　王小军　王雅慧
王羽中　魏丽泉　魏玲　魏英华　吴强　吴晓金　伍刀刀　武觉沁　谢道明
谢路平　徐娟娟　许京京　许蕊　薛永飞　晏鹏　杨静　杨立　杨鑫
姚亚兰　尹岗　于文健　袁婕　袁英才　张存甜　张帆　张国荣　张惠芳
张力　张立伟　张岭　张美嘉　张明明　张宁　张秋玉　张鑫玲　张鑫蕊
张雅严　张瑜　张玉杰　张钺晗　张志新　赵斌　赵景华　赵新宇　郑俊详
周密　周小童　周亚琼　朱琳